ライブラリ ケースブック会計学 ⑤

ケースブック

コストマネジメント
第3版

加登　豊　著
李　　建

新世社

編者のことば
——事例で学ぶ会計学を目指して——

　会計学の講義や演習を担当された教員なら，生きた事例を引き合いに出して簿記の原理や財務諸表の説明をしたときに受講者の目が輝いたという体験を一度ならず，されたことと思う。「必要は発明の母なり」という諺の通り，実務の必要から生まれた知恵がちりばめられた事例には，学習・研究の意欲をそそるような題材が潜んでいる。

　ところが，これまで会計学の分野では，型通りの教科書はあっても，教科書で書かれた内容を裏付けたり，くつがえしたりする事例を系統立てて収集し，解説するというスタイルで編集された書物はほとんどない。そのため，会計学の講義や演習を担当する教員は，有価証券報告書や新聞雑誌記事のなかから，各テーマの教材にふさわしい事例を選び出し，プリントして配付するという作業に多大な労力を費やしておられることが多いように見受けられる。

　「ライブラリ ケースブック会計学」は，こうした会計学の学習・教育の実状を念頭において，簿記・会計・監査の分野の中心的なテーマに関係する含蓄に富んだ事例を精選し，それぞれの事例を素材にして会計学の体系を説明するとともに，読者に学習・研究のヒントを提供することを目指したライブラリである。この意味で，本シリーズに収められた各書物は教える側のニーズと学ぶ側の興味にかなった新しいタイプの教科書といってよいであろう。また，本ライブラリの各巻の執筆者は，こうしたケースブックの編集に習熟された方々ばかりであり，複雑な事例を平易な語り口で解きほぐす手腕が存分に発揮されている。

　このシリーズに収録された各書物が，会計学の学習と教育にリアリティを注入することに寄与し，会計学を学ぶ楽しみを読者に伝えることができることを願っている。

醍醐　聰

第3版へのはしがき

　10年ぶりに『ケースブック コストマネジメント』を改訂する運びになりました。今回の改訂のポイントを説明しておきたいと思います。もちろん，従前のように，大学・大学院のコストマネジメント，原価計算，管理会計のテキストあるいは副読本としての使用を想定して執筆されています。

　類書にない特徴には，下記のような点があるでしょう。

◆ 極めて平易な文章で記述されているので，初学者でも理解が容易であり，独習も可能である。

◆ 各章のはじめに，「学習ポイント」を提示し，目的意識を明確にしている。

◆ 冒頭に仮設企業のケースを挙げ，同企業が直面した課題を示し，本文はその課題解決のために必要なベース知識と課題解決に辿り着くまでの考え方の解説を行う形で構成されている。

◆ 各章2つずつ実際の企業事例を掲載し，受講生に実務におけるコストマネジメントの実態を理解してもらえるようにしている。加えて，当該事例関連問題を「Exercises」に載せることで，事例分析のスキルアップを図っている。追加的な事例は，「第2版」に掲載されているので，これらを読むことで，更なる理解の深化を図ることができる。

◆ 「コラム」を掲載することで，関連トピックに関するより幅広い知識を提供している。今回，このコラムには，同志社大学ビジネススクールの修了生が執筆した論文からの知見も含まれている。このような形での「理論と実務の架橋」は極めて重要である。実務に携わる人々が大学・大学院で学び，その成果を論文として取りまとめる。その成果を，教科書に反映する。経営実践→研究→教育という循環が機能すれば，経営実践も研究も教育も高度化するからである。

◆ 講義後に受講生の理解度確認用として活用できるよう，各章末に「確認
テスト」の問題を設けている。

　これらに加えて，本書を採用された先生方（大学等所属の方に限らず，企
業研修等を担当される講師の方々を含む）には，講義時に筆者たちが実際に
使用している講義用スライド（PPT ファイル）の一部を参考資料として準
備しています。希望される方は新世社のウェブサイト（https://www.
saiensu.co.jp）をご参照いただき，お問い合わせの上，ご入手くださいます
ようお願いいたします。従前にもまして，本書を活用することでコストマネ
ジメントへの理解がさらに深まることを期待しています。

　最後に，事例転載許諾の取り付けをはじめ，本書の改訂に向けて親身にな
ってお世話してくださった株式会社新世社編集部谷口雅彦氏に心より深く感
謝申し上げます。

　　　2022年 1 月

　　　　　　　　　　　　　　　　　　　　　　　　　　　加登　　豊
　　　　　　　　　　　　　　　　　　　　　　　　　　　李　　　建

◦ 第 2 版へのはしがき ◦

　2001年に初版を刊行した『ケースブック　コストマネジメント』は，コストマネジメントにフォーカスを当てたこと，各テーマに関連した実際のケースをビジネス誌や新聞に求め，コストマネジメントが身近な問題であることを示したこと，そして，できうる限り平易でわかりやすい文章を心がけたことなどが評価され，日本中の大学の管理会計，原価計算，そしてコストマネジメントの授業の教科書あるいは副読本として採用されてきました。また，企業内研修の教材としても活用されています。

　ただ，初版刊行から相当の期間が経過したこともあり，今回，初版の特長を活かしながら下記の点に配慮して改訂を行いました。

◆ トピックごとに，本文に加えて，One More Case，Quiz，Exercises を追加することで，より使い勝手の良いテキストに仕上げました。

◆ One More Case では，初版のケースよりも新しいもう一つのケースを提示し，初版のケースと合わせて 2 つのケースを読むことで，各トピックに関する理解の促進を図りました。

◆ Quiz では，各トピックに関する本文の内容をどの程度理解しているのかを問う，簡単な穴埋め形式の確認問題（5問）を用意しました。

◆ Exercises では，各トピックの内容をどの程度理解しているのかを確認するために，簡単な計算問題を用意しました。

◆ Exercises の最後に，初版のケースを取り上げた問題を提示し，ケースの分析的検討を通じた一層の理解の深化を図りました。

　本書は，大学や企業内研修での教科書や参考書としての使用を想定していますが，20個のトピックに対しておのおの 2 つずつのケースが用意されているため，全部で40個のケースを載せていることになります。そこで，単なる

「ケース集」としても十分価値があると思われます。また，初学者でも無理なく読める平易な書籍であるので，自習用参考書としての使用もお勧めです。

　初版に引き続き，本書が多くの大学の授業や企業内研修で使用され，コストマネジメントに関する知識をより確実なものとしていただければ幸いです。

　2011年初夏

加登　　豊

李　　　建

◦ 初版へのはしがき ◦

　「コストマネジメント」という言葉になじみのない人も少なくないかもしれません。また，この言葉が当初，和製英語であったことに驚かれるかもしれません。しかし，この言葉は太平洋を渡り，アメリカで，そして最近では世界中で広く使用されるようになってきました。そして，原価計算や管理会計の教科書の多くが「コストマネジメント」という書名で出版されるようになってきています。なぜ本書が「ケースブック　原価計算」ではなく「ケースブック　コストマネジメント」なのか。それは読み進められると次第に明らかになるでしょうが，このはしがきにおいても説明をしておきたいと思います。

　原価計算は，その言葉どおり，原価，それも製品の製造原価の計算手続きを知ることが主な目的です。しかし，計算手続きを熟知するだけでは十分ではありません。得られた情報は正しく活用されなければならないからです。また，製造原価だけでなく，利用目的に応じたコストの計算を行う必要もあります。

　コストを引き下げる活動は，短期的には効果があっても，中長期的には，

組織に大きな打撃を与える危険性をはらんでいることも熟知しなければなりません。購入部品の「買いたたき」や納入企業への「値下げ要求」，急場しのぎの人員削減，品質や機能レベルの引き下げ，製造プロセスのみに着目した部分最適をめざす対症療法的な改善などによって，目前のコストを引き下げることは可能です。しかし，それらの行動が，取引先との信頼関係の崩壊，有能な人材の流失，欠陥商品の発生や顧客離れ，抜本的変革機会の喪失などを生み出す危険性があるからです。

　計算手続きへの固執，そして，短期的なコスト引き下げの弊害といったことを回避するためにも，新しい考えかたであるコストマネジメントが必要となるのです。

　私たちは，コストマネジメントを「コストのことを考えることを通じて，コスト水準を適正レベルに維持するとともに，よりすぐれた組織，より的確な意思決定と経営戦略を導くためのマネジメント」と理解しています。また別の表現をすれば，「コストの観点から，経営全体を把握する試み」といってもよいでしょう。

　本書は，大学および大学院——とりわけ社会人 MBA コース——における管理会計や原価計算の講義用の補助テキストとしての使用を主要な目的として執筆しました。もっとも，数多くの企業におけるコストマネジメントのケース，学習すべき内容の解説，そして，解説を踏まえたケースの理解方法という構成で各項目が記述されているので，このケースブックをそのままテキストとしても使用することが可能です。また，まずケースだけを読み進む方法もお勧めです。それは，コストマネジメントの多様性を理解することを助けてくれるでしょう。また，日頃目にすることの多い雑誌や新聞にかなり頻繁にコストマネジメント関連の記事が掲載されていることにも気がつくに違いありません。本書を学習した後に，「ああ，この記事はコストマネジメントのことを取り上げている」とわかるようになるでしょう。そして，経営にコストマネジメントがいかに活かされているかもリアリティをもって実感できるようになるでしょう。

　内容的には，伝統的なコストマネジメントのトピックスに加えて，最新の
コストマネジメントの紹介も行っていますので，現在のコストマネジメント
の全体像が把握できるようになっています。このトピックスの選択はもとよ
り，本書の構成と枠組み，ケースの選択，執筆，内容の吟味等は二人の著者
が，あるときには分担し，あるときには，膝を交えた討議を経て行いました。
また，出版前の原稿は，それぞれの所属校で教材として利用し，必要な加筆
修正を行っています。また，社会人MBA生や研究者をめざす大学院生から
もたくさんの建設的なコメントを得ており，それらも本書に反映されていま
す。

　本書は多くの方々の支援によって完成しました。まず，われわれを著者と
して推薦いただいた本「ライブラリ　ケースブック会計学」の監修者である
東京大学醍醐聰先生に感謝します。谷武幸先生が主宰する「神戸大学管理会
計研究会」のメンバーには，いつも大きな知的刺激を得る機会をいただいて
おり，このテキストもまた，メンバーに触発されて執筆したものであるとい
ってよいでしょう。新世社御園生晴彦さんの励ましと支援がなければ，本書
の出版は大幅に遅れていたでしょう。最後に，時間に追われる生活の中で，
執筆活動の時間を与えてくれた私たちの家族への謝辞をこの場を借りて記し
たいと思います。

　　　2001年8月

加登　　豊

李　　　建

◦ 目　次 ◦

インフラに関わる意思決定

管理的プラニング志向のコストマネジメント

管理的コントロール志向のコストマネジメント

戦略的コントロール志向のコストマネジメント

第13章　品質コストマネジメント　229

第14章　制約条件の理論　243

コストマネジメントのパフォーマンス

第15章　財務情報分析　261

☀コラム一覧☀

序 章

プロローグ

○学習ポイント○······································

❶ 企業と市場の関係について考えます。

❷ 企業経営に必要な 4 つの経営資源について考察します。

❸ コストマネジメントのためのフレームワークを理解します。

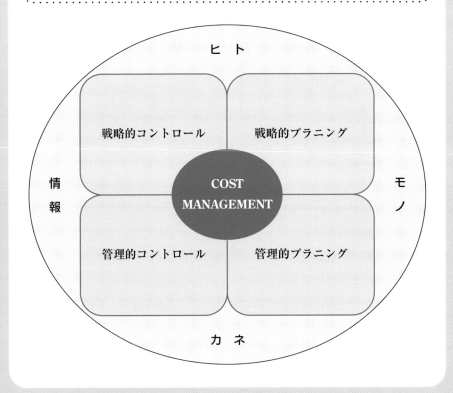

1 企業と市場

コストマネジメント（cost management）を理解するためには，まず企業
と市場の関係についての理解が必要です。企業と市場の関係を大まかに捉え
ると，おおむね以下のようなイメージになるでしょう。

● 図表1　企業と市場の関係

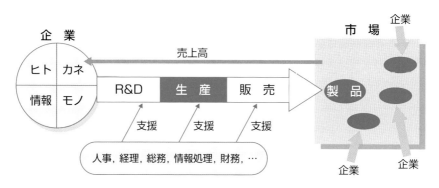

企業が活動を行うためには，従業員（ヒト）を雇用し，設備や備品，原材
料など（モノ）を確保する必要があります。その財源として，株式発行や借
入による資金調達（カネ）が行われます。また，技術やノウハウ（情報）の
確保も企業活動には必要不可欠です。これら4つの経営資源，すなわち，
「ヒト」「モノ」「カネ」「情報」は一般に4大経営資源と呼ばれています。経
営資源は企業活動のインフラとしての性格を有するため，本書においても，
設備投資（モノ）の問題をインフラ整備に関わる戦略的意思決定問題と捉え，
次章においてまずこのトピックを取り上げることにしています。

さて，企業の主な目的は，市場に製品やサービスを提供して消費者のニー
ズに応えることですが，そのためには3つの重要な職能が必要となります。
どんな製品を作るかを考える「研究開発（Research and Development：R&
D）」と，「生産」および「販売」です。これらをライン職能といいます。こ

れらの職能は企業と市場を結ぶ架け橋となるのです。もっとも，このライン職能だけでビジネスを営むことはできません。人事や経理，経営企画，総務や法務，品質管理，情報処理，財務などのさまざまな職能がライン職能を側面から支援する必要があるのです。これらの支援職能をスタッフ職能と呼んでいます。

一方，市場は多数の企業から送り出されるさまざまな製品が集まるところです。**図表1**では，太いいくつかの矢印とそれに対応するいくつかの楕円が複数の企業から市場に投入される製品を表しています。市場で自社製品を消費者に販売し利益を上げるには，まず他社製品との競争に打ち勝たなければなりません。本書では，随所でこうした企業と市場の図を用いた説明を行います。その際，この図を簡略化し，必要最小限の部分だけを残してその他の部分を省略した下図を主に用いることにします。

2 売上高・費用・利益の関係

企業は，研究開発（R&D）を行い，製品を生産し，市場で製品を販売します。市場には，複数の競合するライバル社の製品も送り出されるため，そこでは，自ずと競争が展開されます。そうした競争のなかで，消費者に選ばれ購入された製品の対価はおのおのの企業に戻されます。それが売上高です。売上高との関連でコストマネジメントを理解するのに必要な一つの等式があります。それは，以下のようなものです。

3

● 図表2　売上高・費用・利益の関係

| 売上高 | － | 費用（コスト） | ＝ | 利　益 |

　企業の最終的な目標は利益の確保にあります。利益の出せない企業は存続していけないからです。企業存続のために必要不可欠な利益ですが，それはどのようにして確保できるのでしょうか。その答えは上記の等式にそのまま出ています。「売上高－費用＝利益」ですから，利益を増やすためには，売上高を増やすか費用を減らせばよいでしょう。

　まず，「売上高を増やす」ことですが，前述のように市場には競争があるため，なかなか思いどおりにはいきません。仮に，売上高を増やすために低い販売価格をつけたとしても，ライバル企業がそれ以下の低価格で対抗してくれば，低価格により売上高を増やそうとした戦略は成功するとは限りません。

　また，品質や機能レベルを高め，消費者にとってより魅力的な製品を作ることによって他社製品との差別化を図ろうとしても，いずれはそういった品質や機能面での優位も他社に追いつかれかねません。ですから，「売上高を増やす」ことによって利益を増やすことは非常に難しいのです。そこで，利益を確保するためのもう一つのアプローチに注目が集まります。それは「費用（コスト）を減らす」ことによって利益を増やそうというものです。費用とは，製品を生産・販売するのにかかった各種のコストや経費を合計したものです。費用は，売上高とは異なり，市場での競争に直接的には影響されません。むしろ企業内部の効率の良し悪しによって費用の大きさは変わってきます。市場での競争によって売上高が決まるとしたら，あとは企業内の効率を高め費用を低減できれば，利益は大きくなるはずです。「費用を減らす」ための取り組みは企業内の問題ですから，ライバル企業からみてもなかなかその実態が見えにくく，真似されにくいものです。これら2つのアプローチは，次のようにまとめられます。

● 図表3　利益目標達成のための2つのアプローチ

①市場での競争を優位に進める→「売上高を増やす」→「利益が増える」

②企業内部の効率を高める　　→「費用を減らす」　→「利益が増える」

　しかし実際には，2つのアプローチは別個のものではありません。というのは，「費用を減らす」と同時に「売上高を増やす」こともできれば，「売上高を増やす」ために「費用を増やす」ケースも多々あるからです。もっとも，特定のコンセプトの下で設計された製品が本来備えるべき機能レベルを下げることによって費用を削減しようとする，いわゆる「はぎ取り原（価）低（減）」には気をつけなければなりません。はぎ取り原低によって，本来の製品コンセプトが損なわれかねないからです。明確な製品コンセプトを備えていない製品が消費者に受け入れられることはまずないでしょう。

　なお，「売上高を増やす」ことに直接的あるいは間接的に関連のあるコストマネジメントは，市場ならびに競争を考慮に入れているという意味において，「戦略的」な性格を強く有しています。反面，「費用を減らす」ことに関連のあるコストマネジメントは，どちらかというと視点が企業内部に置かれがちなので，「管理的」性格が強いといえます。

3　コストマネジメントをどう理解するか

　そこで，コストマネジメントを理解するための一つの切り口として，「戦

略的 vs. 管理的」という次元が考えられます。繰り返しになりますが，「売上高を増やす」という側面が戦略的性格を強く帯びているのに対し，「費用を減らす」という側面が管理的性格を強く漂わせていることに注目すべきでしょう。

　いま一つの次元は，「プラニング志向 vs. コントロール志向」の次元です。コストマネジメントは，計画を立てるのに必要なものとコントロールのために必要なものとに大別できます。両者を明確に切り離すことは難しいものの，どちらの性格を相対的に強く有するかによって大まかな分類は可能です。

　さて，「戦略的 vs. 管理的」次元と「プラニング志向 vs. コントロール志向」次元をそれぞれ Y 軸と X 軸にしてみると，**図表 4** のように，「戦略的プラニング志向」「戦略的コントロール志向」「管理的プラニング志向」「管理的コントロール志向」の 4 つのカテゴリーができあがります。

● 図表 4　コストマネジメントの 4 分類モデル

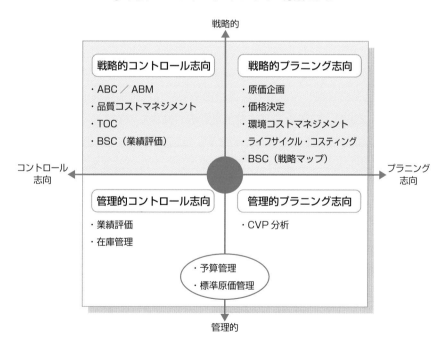

　それぞれのカテゴリーごとに代表的なコストマネジメントの手法をあてはめると，たとえば，「戦略的プランニング志向」には原価企画やバランス・スコアカード（戦略マップ），「戦略的コントロール志向」にはABC／ABMや品質コストマネジメント，「管理的プランニング志向」にはCVP分析，「管理的コントロール志向」には在庫管理や業績評価などが含まれるでしょう。予算管理と標準原価管理については，管理的プランニング志向と管理的コントロール志向の両方にまたがる位置づけが妥当といえます。

　たとえば，原価企画は，新製品開発にあたって，消費者はどのようなコンセプトの製品を欲しているのか，受け入れられる予想販売価格はいくらかといった市場や競争要因を考慮に入れているため「戦略的」といえます。それと同時に，これからどういったものをどのように作るかを計画していくという側面が強いことから「プランニング志向」ともいえます。そこで，原価企画は「戦略的プランニング志向」に分類することにします。

　また，ABC／ABMは，正確な原価計算によって適正な販売価格の決定や製品戦略を可能にするばかりでなく，非付加価値活動を排除していくことで経営体質を改善し，競争力を高められるという意味において「戦略的」といえます。同時に，それらの分析が計画段階ではなく事後的に行われる傾向が強いため，「コントロール志向」といえます。そこで，ABC／ABMは「戦略的コントロール志向」に分類されます。

　CVP分析については，その視点が組織内部に置かれており，管理的性格が強いことから，「管理的プランニング志向」に分類されます。また，業績評価や在庫管理については，企業内の効率を高めるためのコントロール手法として捉えることができるので，「管理的コントロール志向」に該当するといえるでしょう。このようにして，「戦略的 vs. 管理的」次元と「プランニング志向 vs. コントロール志向」の次元を用いてさまざまなコストマネジメント手法を分類すると，**図表4**のように表すことができます。

4 本書の構成

　本書では，コストマネジメントの多様なトピックスを上記の4つのカテゴリーに分類したうえで，さまざまなケースを想定し，各ケースをもとに関連するトピックを解説していくという記述方法をとっています。ケースやトピックによっては「コスト」の概念が前面に表れない場合もありますが，その背後には依然として「コスト」の概念が潜んでいるといえるでしょう。本書の構成は次のとおりとなっています。

　プロローグとしての本章に続く第1章では，コストマネジメントへの入口として，インフラ投資に関わる意思決定（設備投資計画）を取り上げます。設備投資計画は4大経営資源の1つである「モノ」に関する意思決定であり，コストマネジメントの土台となるインフラ整備に関わる問題といえます。第2章からは，コストマネジメントの4分類モデルに沿って，管理的プランニング志向のコストマネジメント，管理的コントロール志向のコストマネジメント，戦略的プランニング志向のコストマネジメント，戦略的コントロール志向のコストマネジメントの順に考察を進めていきます。そして，最終的に，これらのコストマネジメントがどのような成果を生み出したかを確認する方法として，第15章では，企業の収益性や安全性を中心とした財務情報分析の考え方を取り上げ，本書の締めくくりとしたいと考えています。それでは早速，コストマネジメントの世界へ足を踏み入れてみましょう。

■確認テスト

① 企業の基本的な目的の一つは，適正な（　　　）を確保することである。

② 経営のために必要な 4 つの経営資源とは，（　　　），（　　　），（　　　），
（　　　）である。

③ 利益を増やすためには，（　　　）を増やすか，（　　　）を減らせばよい。

④ 市場で自社製品を消費者に販売し利益を得るためには，まず他社製品との
（　　　）に打ち勝たなければならない。

⑤ 研究開発（R&D）・生産・販売といった基本職能を（　　　）職能と呼び，
これらの職能を側面から支援する経営企画・人事・経理・財務・法務・総務・情
報処理などの支援職能を（　　　）職能と呼んでいる。

■Exercises

❶ 売上高を増やす方法として，どのような方法が考えられますか。思いつく方法を 3
つ挙げなさい。

①

②

③

❷ 費用を減らす方法として，どのような方法が考えられますか。思いつく方法を 3 つ
挙げなさい。

①

②

③

インフラに関わる
意思決定

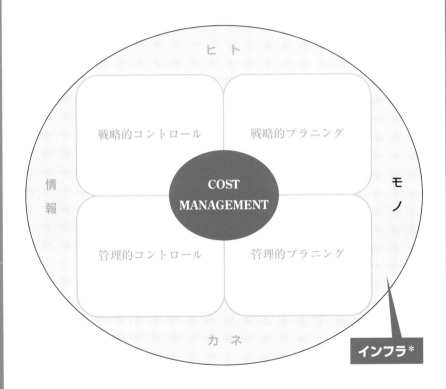

第1章

設備投資の経済性評価

●学習ポイント●

❶ 設備投資の経済性評価に用いられる多様な方法について学びます。

❷ DCF（Discounted Cashflow）法と非 DCF 法の特徴を理解します。

❸ DCF 法のベースとなる貨幣の時間価値の概念について学習します。

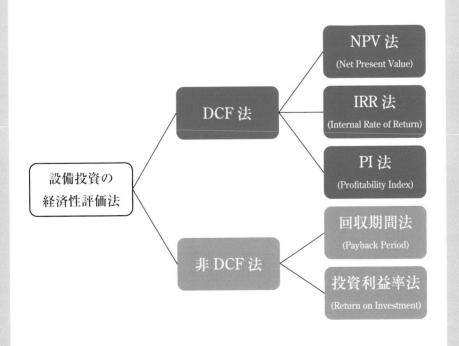

設備投資の経済性評価法

DCF 法
- NPV 法 (Net Present Value)
- IRR 法 (Internal Rate of Return)
- PI 法 (Profitability Index)

非 DCF 法
- 回収期間法 (Payback Period)
- 投資利益率法 (Return on Investment)

◇企業がビジネスを営むためには，ビジネス活動の土台となるヒト・モノ・カネ・情報といった経営資源（4大経営資源という）が必要となります。ユタカ㈱では，ヒト（従業員），モノ（原材料・備品・設備），カネ（株式発行と借入金による資金調達），情報（技術・ノウハウ）といった資源確保の一環として，工場の新築（モノ）を計画しています。目下，新工場投資案として，下記2つの代替案が検討されていますが，どの投資案を採択すれば同社にとってより有利な結果をもたらすでしょうか。

〈資料〉

(資本コスト率＝10%，単位：億円)

年	0（現在）	1	2	3	4
設備 A	−800	350	350	350	400
設備 B	−600	400	250	250	250

(注)　マイナスはキャッシュ・アウトフロー（投資額），プラスはキャッシュ・インフロー（回収額）を表す。

(1)　回収期間法にもとづいて，より有利な投資案を決定しなさい。

答え	

(2)　正味現在価値（NPV）法にもとづいて，より有利な投資案を決定しなさい。

答え	

1　回収期間法（非 DCF 法）による経済性評価

　設備投資に経済性があるか否かを評価する方法には，貨幣の時間価値を考慮した割引キャッシュフロー（Discounted Cashflow：DCF）法と貨幣の時間価値を考慮しない非 DCF 法があります。設備投資に関する冒頭のケース①の例（**図表1**）を用いて，まずは，非 DCF 法の代表的な手法である回収期間法について具体的に見ていきましょう。

● 図表1　2つの設備投資案に関するデータ

（資本コスト率＝10%，単位：億円）

年	0（現在）	1	2	3	4
設備 A	−800	350	350	350	400
設備 B	−600	400	250	250	250

(注)　マイナスはキャッシュ・アウトフロー（投資額），プラスはキャッシュ・インフロー（回収額）を表す。

　回収期間法とは，初期投資額が何年かかったら全額回収できるかを計算し，回収期間がもっとも短い投資案を最適投資案とする方法です。ケース①の数値を用いて「回収期間法」の考え方を説明すると以下のようになります。

　まず設備 A（投資額800億円）の回収期間を求めると，**図表1**から分かるように，1 年後に350億円，2 年後に350億円の回収となり，残る100億円を 3 年目の前半で回収することになります。前半といっても正確には，100億円（3 年目に残った未回収投資額）÷350億円（3 年目の回収額）≒0.29となるので，2 年と0.29年で初期投資額（800億円）がすべて回収できることになります。つまり，設備 A の回収期間は2.29年になるわけです（**図表2**）。回収期間法では，後述する貨幣の時間価値を考慮しない（割引計算をしない）ことに注意してください。

● 図表2　設備Aの回収期間

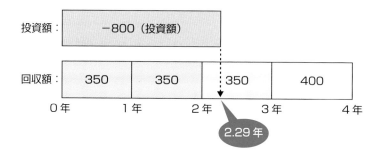

同様にして，設備B（投資額600億円）の回収期間を求めると，1年後に400億円が回収され，残る200億円を2年目に回収することになります。正確には，200億円（2年目に残った未回収投資額）÷250億円（2年目の回収額）≒0.8となるので，1年と0.8年で初期投資額（600億円）がすべて回収できることになります。つまり，設備Bの回収期間は1.8年になるのです（**図表3**）。

● 図表3　設備Bの回収期間

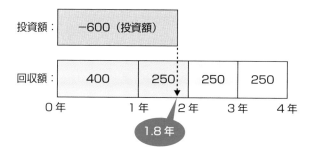

設備Aと設備Bの回収期間が2.29年と1.8年と分かったので，回収期間法による限り，回収期間の短い（より早く回収できる）設備Bへの投資がより有利な投資と判断されます。

2 投資利益率法（非DCF法）による経済性評価

非DCF法カテゴリーに含まれるもう一つの方法は投資利益率（Return on Investment：ROI）法と呼ばれる方法です。ケース①の例では，設備Aは800億円の投資に対し1,450（350＋350＋350＋400）億円のキャッシュ・インフローを得ることになります。キャッシュ・インフローの合計額1,450億円が投資額800億円を650億円上回っています（1,450億円－800億円）。この650億円は設備Aへの投資によって得られる利益であり，設備Aの寿命を4年とすると，年間では平均162.5億円の利益となります（650億円÷4年）。800億円の投資に対して，年間162.5億円の利益が出ているので，年間の利益率は約20.3％となるでしょう（162.5億円÷800億円）。この約20.3％が設備Aの投資利益率といわれるものです。以上を簡潔にまとめると下記の計算式が導かれます。

$$年平均利益 = \frac{キャッシュ・インフローの合計額 - 投資額}{設備の耐用年数} = \frac{1,450 - 800}{4年} = 162.5$$

$$投資利益率（ROI） = \frac{年平均利益}{投資額} \times 100 = \frac{162.5}{800} \times 100 ≒ 20.3\%$$

設備Bはどうでしょうか。600億円の投資に対して1,150（400＋250＋250＋250）億円のキャッシュ・インフローが期待できるわけですから，キャッシュ・インフローの合計額が投資額を上回る550（1,150－600）億円が当該投資から得られる利益額となります。また，設備の寿命が4年であることを考慮すると，年平均利益は137.5億円となります（550億円÷4年）。そこで，年平均利益137.5億円を投資額600億円で割って投資利益率（約22.9％）を求めることができます。600億円の投資に対して年間で137.5億円の利益を得る

17

ことになり，比率にすると約22.9％に上ることが分かります。設備A（ROI
≒20.3％）と設備B（ROI≒22.9％）の比較から，投資利益率の高い設備B
のほうがより有利な投資といえるでしょう。

　なお，上記の投資利益率の算式において，分母の総「投資額」の代わりに，
「平均投資額」（総投資額を2で割った金額）を用いることもありますが，そ
の場合には「投資利益率」とは区別して，「平均投資利益率」と呼ばれるこ
とになります。

3　正味現在価値法（DCF 法）による経済性評価

1　貨幣の時間価値

　正味現在価値法を理解するためには，「貨幣の時間価値」という概念を知
っておく必要があります。今現在手元にある10,000円は，それを1年間銀行
に預けるだけで1年後には10,500円になります（預金金利＝5％を仮定した
場合）。すなわち，「現在の10,000円＝1年後の10,500円（10,000×（1＋
0.05））」というわけです。1年間で500円の利息がついてくるからです。2
年後，3年後についても同様のことがいえます（図表4）。

○ 図表4　将来の金額を計算する

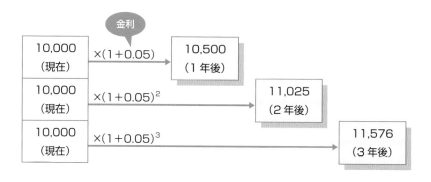

ということは，逆に，１年後の10,500円は現在の価値で10,000円になるわけです（10,500÷(１+0.05)）。同じく，２年後の11,025円と３年後の11,576円もおのおの現在の価値では10,000円となります（**図表５**）。

● 図表５　将来の金額を現在価値に換算する（１）

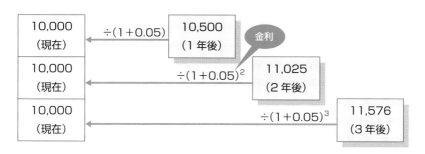

　次は将来の時点の同じ金額が現在の価値ではいくらになるかを考えてみましょう。考え方は同じですから，１年後の10,000円は現在の価値では約9,524円になります（10,000÷(１+0.05)）。２年後の10,000円は現在の価値にすると約9,070円とさらに小さくなります。この関係を図示すると**図表６**のようになるでしょう。なお，計算の単純化を図るため，本章におけるすべての金額数値は小数点以下四捨五入により，整数で表すことにします。

● 図表６　将来の金額を現在価値に換算する（２）

　ここまでで，貨幣というものは金額上は同じでも，将来のどの時点のものかによって価値が全く異なることを理解できたと思います。すなわち，現在の10,000円は将来の10,000円より明らかに価値が高いのです。このような考

え方を貨幣の時間価値といいます。企業の設備投資計画は貨幣の時間価値の考え方が適用される代表的な分野です。というのは、一度設備投資に大金を注ぎ込んで投資を行えば、その投資の効果は長い将来にわたって表れてくるからです。具体的にいえば、現時点での投資（キャッシュ・アウトフロー）は1年後、2年後、3年後、……、と設備の寿命が尽きるまでキャッシュ・インフローの増加をもたらしてくれます。そこで、将来のキャッシュ・インフローをその絶対額ではなく、現在価値に換算（割り引き）してから当該投資の経済性について検討を行うほうが明らかに合理的といえます。

2 正味現在価値法

設備投資が経済性があるか否かを評価する方法としては、貨幣の時間価値を考慮したDCF法が広く知られていますが、なかでも正味現在価値（Net Present Value：NPV）法はDCF法カテゴリーに含まれるもっとも代表的な手法として挙げられます。ここでは、NPV法について具体的に見ていきましょう。再度、ケース①の2つの設備投資案に関する下記のデータをご覧ください。

（資本コスト率＝10%，単位：億円）

年	0（現在）	1	2	3	4
設備 A	−800	350	350	350	400
設備 B	−600	400	250	250	250

(注) マイナスはキャッシュ・アウトフロー（投資額），プラスはキャッシュ・インフロー（回収額）を表す。

まず、資本コスト率（単に、「資本コスト」ともいう）という言葉に注目しましょう。これは、貨幣の時間価値を説明する際に用いた預金金利にあたるものですが、企業が調達する資金に適用される金利だと理解すればよいでしょう。そのため、企業は調達した資金を用いて、資本コスト率を上回る利益率を確保する必要があるのです。NPV法では、資本コスト率が将来のキャッシュフローを現在価値に換算する（割り引く）際の割引率となります。

設備投資案Aの場合、800億円で設備Aを購入すると（キャッシュ・アウ

トフローの発生），翌年以降の 3 年間は350億円ずつ，4 年目は400億円の追加的なキャッシュ・インフローが期待されます。単純に考えれば，「−800＋350＋350＋350＋400＝650」となり，設備 A に投資することで650億円の正味のキャッシュ・インフローが確保できることになります。しかしながら，当該投資の効果が向こう 4 年間も続いているため，各年度のキャッシュ・インフローの金額をそのまま合計しては正確な計算とはいえません。貨幣の時間価値を考慮し，将来のキャッシュ・インフローを現在の価値に換算（割り引き）する必要があるのです。

● 図表 7　設備 A の正味現在価値

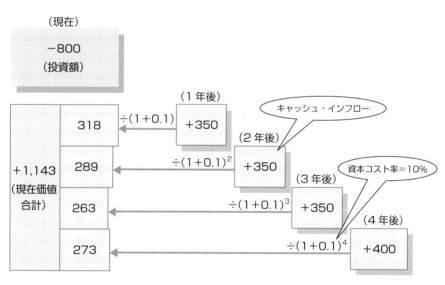

　図表 7 から分かるように，現時点で800億円の投資を行うと，1 年後に350億円，2 年後に350億円，3 年後に350億円，4 年後に400億円のキャッシュ・インフローが見込まれます。おのおのの金額を現在価値に換算すると，投資額800億円はそのままの800億円で，1 年後，2 年後，3 年後，4 年後のキャッシュ・インフローはおのおの約318億円，289億円，263億円，273億円となります（小数点以下四捨五入）。そこで，以下のように正味の現在価値（Net Present Value：NPV）を計算することができます。

すなわち，設備Aに投資することで，投資に伴う支出を回収したうえで，さらに現在の価値で考えたときに343億円の正味のキャッシュ・インフローが期待できるのです。この投資案件にはゴーサインを出したいところですね。でもその前に，設備Bへの投資についても検討してみる必要があります。もしかすると，設備Aへの投資よりも有利な結果をもたらしてくれるかもしれないからです。設備Bへの投資については，図を使わず直接正味現在価値を求めてみましょう。

正味現在価値＝キャッシュ・インフローの現在価値合計－キャッシュ・アウ
（NPV）　　トフローの現在価値

$$= \left(\frac{400}{1+0.1} + \frac{250}{(1+0.1)^2} + \frac{250}{(1+0.1)^3} + \frac{250}{(1+0.1)^4} \right) - 600$$
$$\doteqdot (364 + 207 + 188 + 171) - 600$$
$$= 330$$

上記の計算結果からは，設備Bに投資することで，初期の投資額を回収した後もさらに現在価値で330億円のキャッシュ・インフローが期待できることが分かります。この投資案もかなり魅力的なものになっています。下表は設備Aと設備Bへの投資から期待される正味現在価値を比較したものです。

（単位：億円）

投資案	正味現在価値（NPV）
設備 A	343
設備 B	330

結局，企業としては設備 A か設備 B のいずれか 1 つだけを選ぶことになるので（資金面あるいは実用性の面で），正味現在価値がより大きい設備 A への投資が優先されるでしょう。ちなみに，投資案が 1 つだけの場合は，その投資案の正味現在価値がプラスであればそれを採択すればよいのです。

4　内部利益率法（DCF 法）による経済性評価

　貨幣の時間価値を考慮する DCF 法カテゴリーに属する手法として，NPV 法以外にも内部利益率（Internal Rate of Return：IRR）法がよく知られています。ここでは，IRR 法について詳しく見ていきましょう。

　冒頭のケース①の設備投資案 A の場合，800 億円で設備 A を購入すると（キャッシュ・アウトフロー），翌年以降の 4 年間，350 億円，350 億円，350 億円，400 億円のキャッシュ・インフローが期待されます。しかしながら当該投資の効果が向こう 4 年間も続いているため，キャッシュ・インフローの絶対額をそのまま合計しては正確な計算とはいえません。貨幣の時間価値を考慮し，将来のキャッシュ・インフローを現在の価値に換算（割り引き）する必要があるのです。

　その際，資本コスト率とは別に，キャッシュ・インフローの現在価値合計が投資額（キャッシュ・アウトフロー）と一致するような割引率を求めます。すなわち，割引率をいくらにすればキャッシュ・インフローの現在価値合計が投資額と同じになるか（つまり，正味現在価値がゼロになるか）を問題にするのです（**図表 8**）。

　そうして求められた割引率が「内部利益率（IRR）」と呼ばれるものです。内部利益率は，試行錯誤法によりいくつかの割引率を順次代入して求めることができますが，パソコンの表計算ソフト（Excel の IRR 関数）を用いて求めることもできます（**図表 9**）。

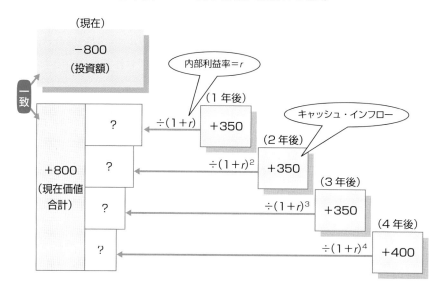

○ 図表 8　IRR 法の考え方（設備 A の場合）

○ 図表 9　Excel の IRR 関数を用いた内部利益率の計算例

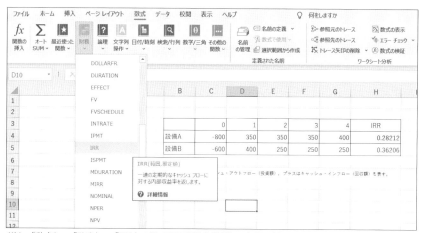

(注)　「数式」→「財務」→「IRR」の順で IRR 関数を選択し，上記の例では，C 4 から G 4 までの範囲を指定することで IRR が求められる。

設備 A の場合，r（内部利益率）は約28.2%（＝0.282）になります。企業が調達する資金にかかるコスト，すなわち資本コスト率より内部利益率のほうが大きい場合には，その投資にゴーサインを出してもよいことになります。資本コスト率より内部利益率が大きければ大きいほど有利な投資になるわけです。内部利益率の計算手順および投資判定基準は**図表10**および**図表11**のように公式化できます。

● 図表10　設備 A の内部利益率（r）計算

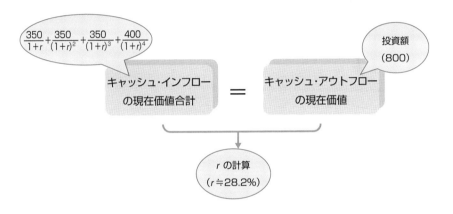

● 図表11　IRR 法における投資判定基準

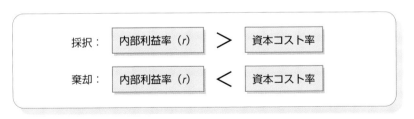

それではここで，投資 B についても見てみましょう。**図表10**および**図表11**の計算手順と判定基準をそのまま当てはめると，次のようになるでしょう。まず，投資額（キャッシュ・アウトフロー）が600億円ですから，キャッシュ・インフローの現在価値合計がこの600億円になるような r（つまり，内

内部利益率法（DCF法）による経済性評価

部利益率）を求めます。試行錯誤法，あるいは表計算ソフト（**図表9**）を用いて内部利益率を計算すると，約36.2%（＝0.362）になりますが，これを資本コスト率と比較しましょう。ケース①の例では，資本コスト率が10%に設定されているので，内部利益率36.2%は資本コスト率を大きく上回ることになり，設備Bへの投資にもゴーサインが出ます。

● 図表12　設備Bの内部利益率（r）計算

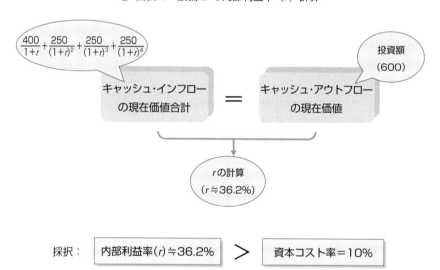

設備Aと設備Bのいずれも内部利益率が資本コスト率を上回っていますが，資金面あるいは実用性の面から，企業としてはどちらか一つを選択することになります。その場合には，もちろん内部利益率の高いほうが優先されます。経営者は，より内部利益率の高い設備Bを採択すればよいでしょう。

投資案	内部利益率（r）	判定
設備A	約28.2%	×
設備B	約36.2%	○（採択）

5 収益性指数法（DCF 法）による経済性評価

　これまで，DCF 法カテゴリーに属する手法として，具体的に NPV 法と IRR 法を取り上げました。ここでは DCF 法に含まれるもう一つの経済性評価法である収益性指数（Profitability Index：PI）法について見てみましょう。PI 法は NPV 法に近いものといえます。というのは，NPV 法で求めたキャッシュ・インフローの現在価値合計額を分子に，投資額（キャッシュ・アウトフロー）を分母において得られる数値が「1」を超えていれば収益性ありと判断するからです。ケース①においては，設備 A への投資額800億円に対し，キャッシュ・インフローの現在価値合計額は1,143億円となっています（差額343億円が正味現在価値）。PI 法では，両者を分数の形にすることで収益性指数（PI）を求めます。

$$収益性指数（PI）＝\frac{キャッシュ・インフローの現在価値合計}{投資額}＝\frac{1,143}{800}≒1.43$$

　設備 A の収益性指数は約1.43であり，1 を超えているので収益性ありと判定されます。同様にして設備 B の収益性指数を求めると，収益性指数＝930/600＝1.55となり，こちらも収益性ありと判断されます。投資案が複数ある場合，収益性指数の高いほうが優先されるので，ここでは設備 B がより有利な投資案といえます。

　もっとも，実務においては，DCF 法にしても非 DCF 法にしても，そこから弾き出された数値だけで設備投資の意思決定を行うわけではありません。これらの数値はあくまでも経営者の意思決定のベースになるものであって，こうした情報をもとに，戦略的な見地から最終的にどのような意思決定を行うかは経営者の判断に委ねられているのです。

★コラム　投資意思決定の実際は？★

　投資に関する意思決定にあたっては，①複数の投資代替案の提案，②提案された投資代替案の経済性評価や定性評価を行うためのデータ収集，③経済性評価方法の決定，④代替案の経済性の計算と比較，⑤採択案の決定，という手順を踏むのがよいとされています。ただ，現実には，事実上，採択予定案件は決まっていることも少なくないようです。しかし，それでは，多額の投資を必要とする重要案件の決定があまりにもお粗末といえます。

　代替案のなかに，「投資を実施しない」というオプションを設定する場合があります。このとき注意しないといけないのは，代替案の検討プロセスで，「投資を実施しない」という案が早期に廃案とされることや，たった1つの投資案のみが残存する状況を作り出さないことです。複数案の比較を行う最終段階で投資しないよりは，投資することが望ましいと判断されるのならよいのですが，投資しないという代替案が早期に消滅してしまうと，残されたたった1つの案の是非を検討することになってしまいます。経営実務では，かなりの割合で，提案されたたった1つの投資案をめぐって，それが採算レベルに到達する方策を検討するのが投資決定だと考える傾向すらあるのです。特定の投資案を正当化する計算を行うのが，経済性計算ではありません。代替案の検討と取捨選択，これが設備投資の経済性計算ではきわめて重要なのです。

　さて，たった1つの投資案について考えることになった場合には，内部利益率法（IRR法）がより適切な経済性計算方法になるといわれています。この投資案件が，自社で設定した望ましいといえる投資利益率を上回るかどうかで判断することができるからです。正味現在価値法（NPV法）だと，プラスの正味キャッシュ・インフローが得られる場合でも，それでは，あまりにも利益率が低いということもありうるからです。

　大切なことは，実行してもよいと思われる複数の代替案に加えて，「投資を実施しない」という案も俎上にのせることです。そうすることで，だれかの意向で有望とされた案が収益性の検討もそこそこに採択されたり，何が何でも投資しなければいけないという先入観にとらわれることもなくなるからです。

　また，ほとんどの企業では，「3-5ルール」が適用されているようです。投資は，3年目でその投資案単独で黒字計上，そして，投資後5年で累積損

失一掃」というのが3−5ルールです。ただ，だからといって，この条件をクリアできるように，投資評価の数値を「作成」するようなことがあってはならないでしょう。

事例 A　三井金属

　三井金属（5706）は2006年3月期から新たな評価指標としてNPV（正味現在価値）を導入する。一定期間に生まれるキャッシュフロー（現金収支）を基準に，商品ごとの投資効率性を判断する。採算が合わない分野は撤退も検討する一方，現金収支の拡大が見込める分野に優先的に新規投資を進める。

　前期まではマイクロサーキット，環境，自動車事業など約20の事業ごとに分けたうえで，期間損益をもとにして投資収益性を判断していた。

　1つの事業内に数百の商品を抱え，一部で赤字商品があっても事業単位では大幅黒字という例もあった。結果的に三井金全体の収益性を悪化させており，新指標導入に踏み切った。

　NPVは「将来に投資で生まれるリターンを現在の価値に置き換え，投資額を上回っていれば投資をすべき」と考える指標。一般的には（1）営業損益に減価償却費などを加え現金収支を求め（2）それを一定の利子率で割り引き投資額を差し引いて算出する。

　利子率を割り引くのは，資金には時間の経過と同時にコスト（金利）がかかるという考えが基礎にある。

　適用する割引率は最低で5％に設定する見通し。NPVの算出は，06年3月期〜2008年3月期までの3年分を基準にする。NPVの導入で継続分野と撤退を検討する分野を線引きする評価基準が明確になる。

　三井金は08年3月期までの3年間で1千億円の設備投資枠を設定している。投下資本の早期回収を狙ってNPVを活用することで，有望案件に経営資源を集中する。

＊ケースの出所：日経金融新聞（2005年4月27日，7面）

　パイオニア（6773）の業績が回復の兆しをみせている。2006年4～6月期は薄型テレビの価格下落が想定を下回ったこともあり，不振のホームエレクトロニクス（HE）事業の損益が大きく改善した。ただHE事業の価値に対する市場の見方は厳しく，同社が計画するプラズマディスプレーパネル（PDP）の生産能力増強など，大型投資が評価を得られるかは不透明だ。

　「第一目標の黒字化は達成できそう」。4～6月期の決算発表で石塚肇専務は安堵（あんど）の表情を浮かべた。4～6月期はサッカーのワールドカップ効果などで自社ブランドのプラズマテレビ販売が増加。10％以上を見込んでいた価格下落は微減にとどまり，HE事業の営業損益は4億円の赤字と前年同期に比べ120億円改善した。通期でも同事業の営業赤字は続くが，カーエレクトロニクス（CE）事業の好調で連結では営業黒字を見込む。

　パイオニアは常にHE事業が話題を集めるが，収益は「カロッツェリア」ブランドで展開するCE事業に依存している。いち早くプラズマテレビやDVDレコーダーに参入するなど，技術的な評価は高いが，03年3月期以降のHE事業の営業損益を累計すると548億円もの赤字。CE事業は911億円の黒字で業績を支えている。（中略）

　そんなHE事業に再び大型投資の話が持ち上がっている。現在，約100万台とみられるプラズマテレビの生産能力は「今の伸びでいけば足りなくなる」（石塚専務）とみているからだ。

　プラズマテレビの増産投資がHE事業の価値をどれだけ高められるかを評価する上で内部利益率（IRR）が一つの目安となる。IRRは投資後に生み出したフリーキャッシュフロー（FCF）の現在価値を計算し，その合計額が初期投資額と等しくなる割引率。IRRが資金調達にかかるコストである加重平均資本コスト（WACC）を上回れば，価値を生み出す投資ということになる。

　パイオニアのWACCは06年3月期末の有利子負債と直近の時価総額をもとに試算すると5.5％。これが資金調達にかかるコストで，IRRが5.5％を上回れば価値を生み出すことになる。

　同社のPDPの増産台数を30万台規模，投資額を350億円と仮定。投資後5年間にどのくらいのFCFを生み出せばIRRが5.5％を上回るかをみると，毎年80億円で4.6％に，85億円の場合で6.8％となることから，1年間で80億円以上のFCFを生

み出す必要があることがわかる。

　07年3月期のHE事業のFCFは営業赤字で税負担がなくても250億円程度の赤字になる見通し。減損処理などを考慮しても03年3月期以降，一度も黒字になっておらず80億円は簡単な目標ではない。

　ただ生産能力を上げなければシェアは低下し，縮小均衡に陥る。市場がHE事業に対して厳しい評価をするなか，生き残りに向けた投資をどう実行するのか難しい決断を迫られている。（堤正治）

＊ケースの出所：日経金融新聞（2006年9月21日，7面）

【その他の事例】
● ジャパンエナジー：日経産業新聞（1996年12月20日，21面），または加登・李
　　（2011年，pp. 148–150）
● 丸紅：日経ビジネス（1995年9月11日号，pp. 24–27），または加登・李（2011年，
　　pp. 162–163）

■確認テスト

① 回収期間法とは，初期投資額が何年かかって全額回収できるかを計算し，回収
　期間のもっとも（　　　　　　）投資案を最適投資案とする方法である。
② 貨幣の（　　　　　　　　）とは，貨幣というものが金額上は同じでも，将来
　のどの時点のものかによって価値が異なることを表す概念である。
③ NPV法では，投資案が1つの場合，正味現在価値（NPV）が（　　　　　　）な
　らば当該案を採択する。投資案が複数の場合はNPVがもっとも（　　　　　　）
　案を採択すればよい。
④ 資金調達にかかるコスト，すなわち企業が調達した資金に適用される金利を
　（　　　　　　　　　）という。
⑤ キャッシュ・インフローの現在価値合計と初期投資額（キャッシュ・アウトフ
　ロー）とを等しくする割引率を（　　　　　　　　），あるいは英語の頭文字を
　とってIRRという。IRR法では，IRRが資本コスト率より（　　　　）投資案が
　採択される。

■Exercises

次の2つの設備投資案に関する以下の問いに答えなさい。いずれも計算過程を示すこと。ただし，金額数値は「小数点以下四捨五入」により整数で表し，金額以外の数値は小数点以下第2位まで示すこと。

（資本コスト率＝10%　単位：万円）

年	0	1	2	3	4
設備 X	−6,000	2,000	2,000	2,000	2,000
設備 Y	−8,000	1,000	2,000	4,000	5,000

（注）　マイナスはキャッシュ・アウトフロー（投資額），プラスはキャッシュ・インフロー（回収額）を表す。

❶　回収期間法にもとづいて，より有利な投資案を決定しなさい。

❷　投資利益率（ROI）法にもとづいて，より有利な投資案を決定しなさい。

❸　NPV法にもとづいて，より有利な投資案を決定しなさい。

❹　IRR法にもとづいて，より有利な投資案を決定しなさい。ただし，IRRは表計算ソフト（ExcelのIRR関数）を使って求めてもよい。試行錯誤による計算で求める場合にはIRRを1%以内の範囲で示してもよい（たとえば，「IRRは10%〜11%の間」など）。

❺　PI法にもとづいて，より有利な投資案を決定しなさい。

❻　【事例A：三井金属】において，同社が新たな投資評価指標としてNPVを導入する狙いは何ですか。

❼　【事例B．パイオニア】において，仮に，プラズマテレビの増産投資から期待されるIRRが6.8%である場合，(1)この投資は価値を生み出す投資といえますか。(2)それはなぜですか。

【ケース①】の答え

（1）設備 B

（2）設備 A

管理的プラニング志向の
コストマネジメント

戦略的コントロール
・ ABC ・ ABM
・品質コストマネジメント
・制約条件の理論

戦略的プラニング
・原価企画
・環境コストマネジメント
・ライフサイクル・コスティング
・価格決定
・バランス・スコアカード

COST MANAGEMENT

管理的コントロール
・業績評価
・在庫管理

・予算管理
・標準原価管理

管理的プラニング
・CVP分析

第2章

CVP 分析

◇ユタカ㈱では，この度パソコンを製造する新しい工場が稼動を始めました。いま，経営者は利益について考えており，とりわけ次の3つの疑問に直面しています。

- 同社の成長と発展のために必要な利益の目標はいくらか。
- その目標を達成するためにどれだけの売上高が必要か。
- 費用はどの程度まで引き下げなければならないか。

経営者は経営企画部に製品の価格と費用に関するデータの提出を指示し，下記の資料を受け取りました。

〈資料〉

(単位：千円)

- 同社のパソコンの販売価格 ： @400
- 1台当たり変動費（変動費率） ： @300
- 固定費（年間） ： 3,000,000

(注) @は「1単位当たり」の意味である。すなわち，@400とは，1台当たり400。

(1) 損益分岐点の販売数量と売上高を求めなさい。

答え	□販売数量＝	□売上高＝

(2) 目標とする利益を1,000,000（千円）とした場合，目標利益達成のために必要な販売数量および売上高は各々いくらになりますか。

答え	□販売数量＝	□売上高＝

1　じょうろの水は3つ目の容器まで届くのか

　いま，じょうろの中に水がいっぱい入っています。そして容器が3つ置いてあります。少し傾斜をつけて置いてあるので，上の容器から水が溜まり，そこから溢れ出す水が次の容器に流れる仕組みになっています。

● 図表1　じょうろと3つの容器

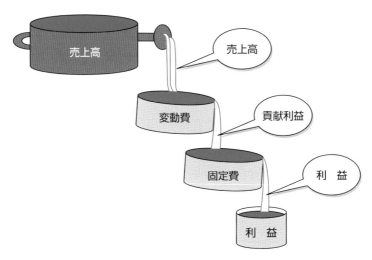

　じょうろと容器にそれぞれ名前をつけてみましょう。じょうろの名前は「売上高」，1番目の容器は「変動費」，2番目の容器は「固定費」，そして最後の容器は「利益」という名前をつけました。さて，この図を使うと次のような関係を導出することができます。「売上高の水－変動費の水－固定費の水＝利益の水」という関係です。売上高のじょうろの水は変動費の容器と固定費の容器をいっぱいにしてはじめて利益の容器にまで流れます。ということは，仮に，じょうろに変動費と固定費の容器を満杯にできるほどの水量が

入っていない場合には，利益を獲得することはできません。ではここで，利益の容器に水をなるべく多く溜めようとしたらどうすればよいかを考えてみましょう。まず考えられるのは，じょうろに入れる水を増やす（売上高の増大）ことです。そうすると，他の容器が現状のままである限り利益の容器には水が増える（利益の増大）でしょう。いま一つの方法は変動費や固定費の容器を小さいものに取り替える（変動費と固定費の削減)ことです。容器自体が小さくなれば，その小さくなった容器はすぐにいっぱいになり水は溢れ出すはずです。こうしたじょうろの例を思い浮かべながら，企業における変動費と固定費の意味，そして CVP 分析の意義を考察してみましょう。

2　CVP 分析とは何か

1　変動費と固定費

　企業の利益は，「売上高−費用＝利益」の算式で求められます。売上高とは，市場で販売した製品の見返りとして受け取る対価のことです。費用とは，その製品を開発・製造・販売するために犠牲にした金額のことです。ですから，製品販売の対価として受け取った金額から当該製品のために犠牲となった金額を差し引くことで，差額としての利益が計算できるのです。

　ここで，費用にとくに注目してみましょう。一言で費用といっても，そこには少なくとも 2 つの性質の異なるものが混在しています。一つは，生産・販売量の増減に応じて比例的に変化する費用（すなわち，変動費）であり，いま一つは生産・販売量とは無関係に一定の水準を保つ費用（すなわち，固定費）です（**図表 2**）。変動費の例としては，原材料費や直接労務費があります。また固定費の例としては，賃借料や製造設備の減価償却費，保険料などが挙げられます。

● 図表2　変動費と固定費

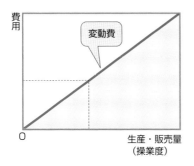

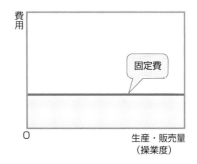

2　CVP分析とは

　もっとも，すべての費用項目が上記のような変動費あるいは固定費にきれいに分かれるわけではありません。なかには，両者の性格を併せ持ついわゆる準変動費や準固定費と呼ばれるものもあるからです。いずれにせよ，これら費用項目をすべて合計すると，総額としての固定費の部分と変動費の部分が識別できるようになり，総費用線（傾きは1単位当たり変動費）が描けます。そこに，原点から伸びる売上高線（傾きは販売価格）を重ねたのが**図表3**です。

● 図表3　CVP図表

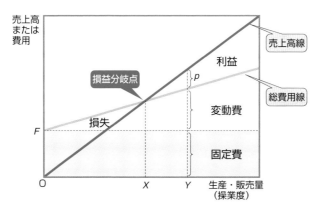

　まず，**図表3**の生産・販売量（操業度ともいう）が0～*X*までの区間を見

てみましょう。生産・販売量に関係なく固定費は一定ですから，極端な例として生産・販売量0の場合でも固定費は F 発生しています。この F から右上に伸びるラインが総費用（固定費＋変動費）線です。一方，売上高線は原点から右上に伸びるラインで示されています。生産・販売量が0の場合は製品販売から得られる売上高は0だからです。0～X の間は，常に総費用線が売上高線の上にあるため，「売上高－費用（固定費＋変動費）＝利益」で計算される利益は常にマイナスになります。マイナスの利益というのは，すなわち「損失」のことを指しています。

　生産・販売量が増えていくにつれてこの損失はだんだん小さくなり，生産・販売量 X のところで損失0になります。売上高線と総費用線が交差するこの点のことを損益分岐点といいます。というのは，この点において，損失も利益も0になるからです。この損益分岐点を超えると，生産・販売量が増えるにつれて今度は利益が増えていきます。仮に，生産・販売量が Y の場合を見てみましょう。売上高線が明らかに総費用線の上にあります。「売上高－費用（変動費＋固定費）＝利益」で求められる利益はプラスとなり，**図表3**の p がそれを表しています。

　このように，売上高，費用，利益の関係を分析することで，利益が0になる損益分岐点の売上高を調べたり，目標利益を達成するために必要な売上高を求めたりすることが可能となります。短期利益計画には欠かせないこの分析手法は，Cost（原価・費用），Volume（営業量：主に売上高），Profit（利益）の英語の頭文字をとって CVP 分析と呼ばれています。

3　CVP 分析の実際

① 損益分岐点における売上高

　損益分岐点の売上高は簡単に求めることができます。パソコンを製造・販売しているケース②のユタカ㈱のデータ（**図表4**）を用いて損益分岐点の売上高を求めてみましょう。その際，**図表4**の右側にある CVP 図表（一部）を頭に浮かべながら，利益算出式を組み立てるとより理解が進みます。

● 図表4　CVP図表（一部）による損益分岐点の図式化

（単位：千円）

販売価格	400/台
1台当たり変動費	300/台
固定費（年間）	3,000,000

損益分岐点

300X
400X
3,000,000
X台

　まずは，先ほどの利益算出式「売上高－変動費－固定費＝利益」に，該当する数値を代入していきます。ただ，「売上高＝販売数量×販売単価」の式において損益分岐点の販売数量が分からないわけですから，それをX台としますと，「売上高＝400X」になります。同様に，変動費の総額も「変動費＝販売数量×1台当たり変動費」なのですが，損益分岐点の販売数量が分からないので，同じくX台としますと，「変動費＝300X」となります（図表4の右側グラフ）。あとはこれらを下記の利益算出式に代入し，Xを求めるだけです。

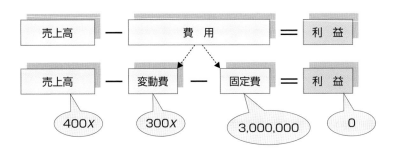

　利益＝0にしているのは，損益分岐点を求めようとしているからです。損益分岐点では利益はゼロだからです。上記の式を解いて次のように損益分岐点の販売数量と売上高を求めることができました。

$$400X - 300X - 3,000,000 = 0$$
$$\Rightarrow \quad 100X = 3,000,000$$
$$\Rightarrow \quad X = 30,000 \quad \leftarrow X\,は販売数量（損益分岐点の販売数量）$$
$$\Rightarrow \quad 400X = 400 \times 30,000 = 12,000,000 \quad \leftarrow 損益分岐点の売上高$$

　ケース②の場合，損失も利益も出ない損益分岐点における売上高は
12,000,000千円（販売数量は30,000台）になります。売上高がこの数値を下
回ると損失が発生し，この数値を上回ると利益が発生するのです。以上を図
示すると**図表5**のようになります。損益分岐点の販売数量と売上高が一目瞭
然となります。

◯ **図表5　損益分岐点分析**

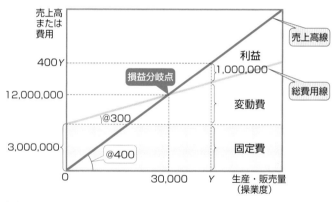

（注）　売上高線の傾き@400は販売価格，総費用線の傾き@300は1台当たり変動費。

② 目標利益を確保するための売上高

　次は目標利益を確保するためにどれだけの売上高が必要かを検討してみま
しょう。先ほどの損益分岐点の売上高の場合と考え方はまったく同じです。
早速，1,000,000（千円）の目標利益を確保するために必要な売上高を求め
てみることにします。**図表6**の右側にあるCVP図表（一部）は利益算出式
そのものを表しているので，この CVP 図表（一部）を頭に浮かべながら，

利益算出式を組み立てるとより理解が進みます。

● 図表6　CVP図表（一部）による目標利益の図式化

　上記の CVP 図表（一部）を見ながら，先ほどの算式に，X の代わりに Y を，利益 0 の代わりに 1,000,000（千円）を代入すれば，目標利益 1,000,000（千円）を確保するための売上高は簡単に求められます。

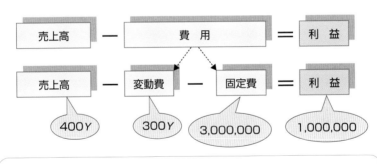

$$400Y-300Y-3,000,000=1,000,000$$
$\Rightarrow\quad 100Y=4,000,000$
$\Rightarrow\quad Y=40,000$　←Y は販売数量（目標利益を達成する販売数量）
$\Rightarrow\quad 400Y=400\times40,000=16,000,000$　←目標利益を達成する売上高

　その結果，目標利益 1,000,000（千円）を確保するための売上高は 16,000,000（千円）になり，そのときの販売数量は 40,000台になることが分かります。すなわち，少なくとも 16,000,000（千円）の売上高がないと目標とする 1,000,000（千円）の利益は確保できないのです。

43

3 CVP分析の応用

1 損益分岐点比率と安全余裕率

　前述の例を使って，現在の売上高が15,000,000（千円）だと仮定し，損益分岐点比率を求めてみましょう。この比率は，損益分岐点が現在の売上高の何％を占めるかを表すもので，低ければ低いほどその企業の収益構造が優れていることになります。**図表7**を参考にしながら損益分岐点比率を求めると次のような結果が得られます。

$$\text{損益分岐点比率} = \frac{\text{損益分岐点の売上高}}{\text{現在の売上高}} \times 100$$

$$= \frac{\text{図表7の } b}{\text{図表7の } a} \times 100$$

$$= \frac{12,000,000}{15,000,000} \times 100$$

$$= 80\%$$

● 図表7　損益分岐点比率と安全余裕率

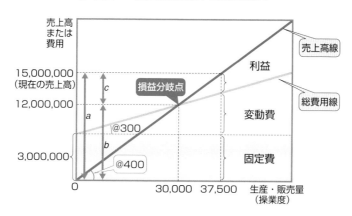

　すなわち，現在の売上高の80％が損益分岐点までの売上高であって，利益

に貢献する売上高はせいぜい20%しかないということがいえます。これは別の言い方をすれば，今の売上高が20%減るだけでこの企業は利益がなくなり，それ以上減ると損失を出し始めるということです。この20%を安全余裕率と呼んでいます。安全余裕率は，現在の売上高が損益分岐点からどれだけ離れているかを示す指標なので，安全余裕率の数値が大きいほど収益性が良好であるといえます。安全余裕率は，損益分岐点比率と密接にかかわっており，両比率は，下記に示すように，合わせて100%という関係にあります。

> 損益分岐点比率＋安全余裕率＝100%

　そのため，安全余裕率は，「安全余裕率＝$\dfrac{\text{図表7の}c}{\text{図表7の}a}\times100=\dfrac{3,000,000}{15,000,000}\times100=20\%$」の算式により個別に求めることもできますが，「安全余裕率＝100%－損益分岐点比率」によって求めることも可能です。**図表7**のa，b，cを横向きにし，損益分岐点比率と安全余裕率の関係をまとめると**図表8**のとおりとなります。つまり，現在の売上高（a）を100%としたときに，損益分岐点までの売上高（b）がその80%を占め（損益分岐点比率），それを超える20%が安全余裕分（c）となるのです（安全余裕率）。

● 図表8　現在の売上高・損益分岐点の売上高・安全余裕分の関係

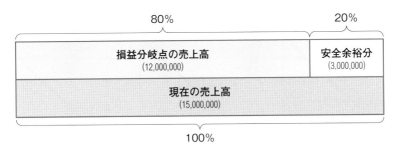

　損益分岐点比率が下がるほど安全余裕率は高くなるという関係を踏まえると，実務において損益分岐点比率を引き下げる努力は，すなわち安全余裕率を高める努力そのものであるといえるでしょう。

2 損益分岐点を引き下げる

　損益分岐点および損益分岐点比率 $\left(\dfrac{\text{図表7の}b}{\text{図表7の}a}\times100\right)$ をいかに引き下げるか（すなわち，安全余裕率をいかに高めるか）が重要な関心事となるわけですが，「売上高－変動費－固定費＝利益」の式から推測されるように，それには3つの方法が考えられます。1つ目は，実際の売上高（**図表7**の a）を増やすことです。ただ，販売数量や販売価格の引き上げによる売上高増の試みは，市場での競争状況も絡んでおり，なかなか企業の思惑どおりにはいかないことが往々にして見受けられます。2つ目は，固定費の水準を下げることです。3つ目は1台当たりの変動費（変動費率）を下げることです。

　もとの CVP 図表が**図表9**の①のとおりだとすると，b は損益分岐点の売上高を表します。仮に，この企業が1台当たりの変動費を削減できたとすると，総費用線の傾きがより緩やかになり，損益分岐点の売上高は b' まで下がってきます（**図表9**の②）。あるいは，1台当たり変動費はそのままだとしても，固定費を削減できたとすると，損益分岐点の売上高は b'' まで大幅に下がってきます（**図表9**の③）。繰り返すまでもなく，損益分岐点が下がってくるということは損益分岐点比率が下がってくると同時に，安全余裕率が高くなっていくことを意味します。このことからも，企業がなぜ必死に費用削減に取り組んでいるかが理解できるでしょう。

● 図表9　損益分岐点の引き下げ

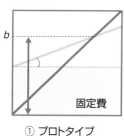

① プロトタイプ

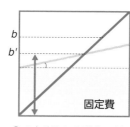

② 1台当たり変動費の削減

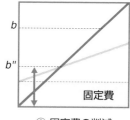

③ 固定費の削減

　このように，CVP 分析は，自社の利益構造を分析し損益分岐点や目標利益を達成する売上高を知るうえで重要な情報を提供します。そのため，企業

の短期利益計画の設定において，CVP分析は有効な手法の一つとされています。さらに，原価を変動費と固定費に分類し，変動費だけで製品原価を算定するいわゆる直接原価計算を採用すれば，CVP分析がより容易に行えます。それは，直接原価計算の計算構造が，CVP関係をそのまま正規の会計システムの中に組み込んだ形になっているからです。

★コラム　検死報告書としてのCVP分析はいらない！★

CVP分析は，Cost（原価・費用），Volume（営業量：主に売上高），Profit（利益）の関係を図表化し，企業活動の判断基準とするための技法です。ほとんどすべての管理会計，原価計算，コストマネジメントの教科書では，CVP分析の説明が行われています。この分析を通じて，企業がどの程度の成果（売上高や売上数量など）を達成すれば，損益がバランスするレベルに到達するかが明らかになります。損益がバランスするということは，利益も損失も生じないということですので，その営業レベルのことを損益分岐点（break-even point）と呼びます。損益分岐点にはできるだけ早く到達する，つまり，少ない営業量で損益分岐することが望ましいのです。

どうすれば，損益分岐点にいち早く到達できるでしょうか。それは極めて自明です。

- 固定費は少なければ少ない方がよい。
- 製品・サービス1単位当たりの変動費も少ない方がよい。
- 製品・サービスの価格は高ければ高い方がよい。
- 製品やサービスは人気があって，どんどん売れることが望ましい。

ただ，このような理想的な状況のもとにいる企業は，極めて少数でしょう。それなので，企業は，低い営業レベルでも損益分岐できるように，様々な方策を立案し，それが実現するように計画を立てる必要があるのです。ここまでの説明からも分かるように，CVP分析は，利益計画や予算編成を行う前段階として活用されるものです。どの教科書にもそのように書かれています。しかし，現実には，CVP分析をこのような形で活用している企業は極めて少ないので

す。ということは，CVP分析は，実施されていないのでしょうか。いや，それも事実ではありません。驚くほど多くの企業で，事後的にのみ，つまり，決算を終えてから，「昨年度は，実現した売上高の78％のレベルで損益分岐点に到達していました」，「昨年度との比較で，3％少ない売上高で損益分岐しており改善がみられました」などという報告が行われているのです。予算編成時にCVP分析を行っていないにもかかわらず，事後的に損益分岐図表を作成しているのです。この種の実務には，有用性はまったくないといってよいでしょう。このような計算をしているいくつかの会社に，その理由を聞いたことがあります。回答は，「昔からずっとそうしてきています」というものでした。時間もコストもかかるにも関わらず，このような意味のないことを繰り返すことは「惰性による経営」といってよいでしょう。

　検死報告書のようなCVP分析ではなく，先取り（pro-active）のCVP分析を実施してほしいものです。

事例A　日東紡

　日東紡（3110）の業績が回復している。繊維などで事業再編を進め，損益分岐点比率は過去20年間で最低水準まで低下。ガラス繊維の市況に左右される収益構造から，増収が確保できれば利益が出やすい体質に変わった。ただ，事業環境の先行きは楽観視できず，今期からの3カ年計画の達成にはさらに踏み込んだ固定費削減が必要になりそうだ。(中略)

　同社の業績がどん底だったのは02年3月期。IT不況のあおりで，稼ぎ頭で電子部品用途のガラス繊維が低迷，赤字に転落した。

　「現状維持では生き残れない」。05年の社長就任時にそう社員に語りかけた南園克己社長は，シャツの襟などに使う芯地事業を手がける伊丹工場（兵庫県伊丹市）の染色工程を外注化し規模を縮小。最大の懸案だったストレッチ素材の生産を分社化し，生産能力を三割減らすなど，前社長下で停滞していたリストラを一気に加速した。

　その結果，損益分岐点比率は06年3月期に85.8％まで低下。02年3月期に比べて固定費は約50億円減った。07年3月期はガラス繊維で設備投資を実施したため，固

定費に含まれる減価償却費が増えるが，建材事業の工場集約や管理職の早期退職による経費削減で相殺。比率は84％前後とさらに低下する見通しだ。

　現在の損益分岐点比率ならば，どん底だった02年3月期の水準（766億円）まで売上高が減っても赤字に転落しない計算。だが日東紡が将来について慎重な姿勢を崩さないのはなぜか。会社が今年公表した新3カ年計画を基に，損益分岐点分析を続けると強気になれない理由の一端が見えてくる。(中略)

日東紡の損益分岐点分析表

（単位：百万円）

	01年 3月期	02年 3月期	03年 3月期	04年 3月期	05年 3月期	06年 3月期	07年 3月期(予)	09年 3月期(予)
売上高	90,522	76,692	78,177	76,270	78,298	78,053	80,000	84,500
損益分岐点売上高	80,813	81,192	76,157	74,975	67,436	67,007	67,000	66,200
損益分岐点比率(%)	89.3	105.9	97.4	98.3	86.1	85.8	83.7	78.3
変動費合計	61,776	52,664	52,128	51,584	53,305	54,628	56,000	59,150
固定費合計	25,662	25,437	25,375	24,266	21,525	20,109	20,100	19,850

(注) 表の一部のみ掲載。単体ベース，07年3月期，09年3月期は会社公表数値，一部日経推定。

　収益源のガラス繊維も世界市場を見ると先行きには不透明感が漂う。世界1位の米オーウェンス・コーニングが同2位企業と一部事業統合を進める見通しで，生産量は同4位日東紡の約十倍，世界シェアの三割を握る企業連合が誕生しようとしている。

　繊維部門に採算性の悪い事業を抱えながら，世界規模で進むガラス繊維事業の集約化の流れに対応できるのか。会社側が割高とする株価には，これまで進めた構造改革に対する評価と改革継続に対する「期待」も含まれている。(宮本岳則)

＊ケースの出所：日経金融新聞（2006年10月12日，7面）

事例B　リンガーハット

　ちゃんぽん店を展開するリンガーハットの試練が続いている。2021年2月期の連結最終損益は過去最大の87億円の赤字となる見通しだ。新型コロナウイルスで客足が遠のいたのが主因だが，それだけではない。コロナ前から固定費がじわりと膨らみ，稼ぐ力が落ちていた。高コスト構造を改革すべくコロナ下の持久戦に挑む。

　リンガーハットの既存店売上高は1回目の緊急事態宣言が発令された昨年4月，前年同月比57％減に落ち込んだ。店舗の過半を占めているショッピングセンター

（SC）のフードコートが臨時休業になったことが響いた。10月に同13％減まで回復したものの、11月下旬から感染が再び拡大し、2回目の宣言が発令された1月は同31％減だった。

損益計算書を分析すると、売上高がちょうど固定費と変動費の合計に一致する「損益分岐点売上高」の高止まりが目に付く。固定費は人件費や減価償却費、水道光熱費などから記者が推定した。同社の決算資料にある売上原価、活動費、販売費を変動費とみなして計算した限界利益率で固定費を割ると、20年2月期の損益分岐点売上高は443億円程度になる。

損益分岐点売上高を実際の売上高で割った「損益分岐点比率」は、最高益を更新した17年2月期の86％を底に上昇傾向で、前期は94％だった。これは6％の減収で利益がゼロになることを意味する。コロナが直撃した20年3〜11月期は3割近い減収に耐えられず、同比率は137％と大幅な赤字になった。

この間、フランチャイズチェーン（FC）店舗の割合は約4割でほとんど変わっておらず、損益分岐点の変動には影響していないとみられる。損益分岐点比率の上昇について佐々野諸延社長は「アルバイトの最低賃金の上昇が重荷になっていた」と振り返る。最低賃金の全国平均は16〜19年度に年20円を超えるペースで引き上げられた。20年度は時給902円と10年前の2割増し。リンガーハットの売上高人件費比率は前期まで3年連続で上昇し、34％程度になっていた。

郊外ロードサイドからフードコートへと店舗立地をシフトしたのも、セルフサービス方式で人件費を抑制することが狙いの一つだった。それでも、営業利益率は17年2月期の7％から下落の一途をたどり、前期は3％となった。さらに「商業施設の集客力に依存してしまう」（大和証券の五十嵐竣アナリスト）というリスクがコロナで顕在化してしまった。

リンガーハットはこうした高コスト構造の改革を急いでいる。佐々野社長は「22年2月期はコロナの影響がなかった前期から1割減収の水準でも利益が出るようにする」という。前期売上高の1割減の水準は425億円程度。同期の損益分岐点売上高は443億円のため、コスト構造を改善しなければ黒字にならない。

最優先で取り組んでいるのは不採算店舗の撤退だ。今期に入って1月末までに国内外で約100店を閉めた。「来期は人件費などの固定費削減効果が3億〜4億円でてくる」（佐々野社長）と想定する。3月から導入する食材の自動発注システムは、人手で1日30分の作業量に相当する。全国の最低賃金と直営店舗数から試算すると少なくとも約1億円のコスト削減になる。パート・アルバイトの勤務シフトも「売

り上げにあわせたコントロールを徹底する」(同)。

　ただし，店舗網の縮小均衡による収益改善にはおのずと限界がある。大量閉店によって店舗に食材を供給する製造工場の稼働率が落ちれば，工場側で新たな高コスト構造が生まれかねない。リンガーハットは持ち帰り需要と自社チェーン以外への外販事業で売り上げを下支えする考えだ。

　一般にちゃんぽんのような汁物は持ち帰りに向きにくいが，テークアウトに適した容器などを導入し，売上高に占める比率をコロナ前の10%以下から足元で20%前後まで高めてきた。冷凍食品などの外販事業では巣ごもり需要を取り込み，売上高は前期の12億円から今期は17億円まで伸ばす。

　株価は年明けに底入れし，2回目の緊急事態宣言下でコロナ前の19年末の水準を一時回復した。コスト構造改革はコロナが収束して客足が戻ってきたときに実を結ぶ。株価はその進捗を織り込みつつあるようだ。(河端里咲)

＊ケースの出所：日本経済新聞(2021年2月19日，朝刊19面)

【その他の事例】
● トヨタ自動車：日経産業新聞(1996年8月16日，朝刊，名古屋，2経)，または加登・李(2011年，pp.172-174)

■確認テスト

① 利益も損失も出ない販売数量または売上高の点を(　　　　　　　　　　)という。グラフ上では，売上高線と総費用線が(　　　　　)(す)る点である。

② 原価・費用(Cost)，売上高(Volume)，利益(Profit)の3者の関係を分析し，損益分岐点や目標利益を達成するための売上高などを調べる短期利益計画のための手法を，英語の頭文字をとって(　　　　　)分析という。

③ 「損益分岐点」および「損益分岐点比率」は(　　　　　)ほど良い。

④ 損益分岐点比率が65%の場合，安全余裕率は(　　　　)%である。

⑤ 損益分岐点は，(　　　　　　　　)を削減することによって引き下げられる。または，1単位当たり変動費を下げることで損益分岐点を引き下げることもできる。

■Exercises

ある食パン専門店が販売している食パンに関する次のデータをもとに，下記の問いに答えなさい。なお，同店は食パン1斤を1個として販売している。

| 販売価格：400円/個 | 変動費：240円/個 | 固定費：1,500,000円（月間） |

❶ 損益分岐点の月間販売数量と売上高を求めなさい。

❷ 現在の売上高が5,000,000円の場合，損益分岐点比率と安全余裕率を求めなさい(%)。

❸ 目標利益600,000円を確保するために必要な月間売上高はいくらですか。

❹ 【事例A：日東紡】において，⑴同社は損益分岐点比率を引き下げるために具体的にどのような取り組みを行いましたか。⑵その結果として，安全余裕率にはどのような変化が見られましたか。

❺ 【事例B：リンガーハット】において，⑴同社の収益力を低下させた要因は何ですか。また，⑵損益分岐点比率137%とはどのような状況を指していますか。

【ケース②】の答え
（1） 販売数量：30,000台，売上高：12,000,000（千円）
（2） 販売数量：40,000台，売上高：16,000,000（千円）

第3章

予算管理

●学習ポイント●・・・・・・・・・・・・・・・・・・・・・・・・・・・・・・・・・・・・・

❶ 予算管理とは何かを学びます。

❷ 予算と実績の差異分析について考察します。

❸ 予算スラックと予算ゲームについて考えます。

ケース③

◇予算編成方針をもとに，各部門では部門予算案が作成されました。その後，各部門長も参加する予算委員会において予算案の審議・調整が行われ，最終的にトップマネジメントの承認を得て実行予算が確定しました。これにより，売上高や費用と関連し，各部門が達成しなければならない予算目標が明らかとなりました。その詳細は次のとおりです。

ユタカ㈱の予算目標

（単位：千円）

◇売上高予算　669,400　　◇製造原価予算　585,000

◇R&D 費予算　13,400　　◇販売費予算　13,000

◇一般管理費予算　6,000

⑴　期末となって，当期1年間の実績が集計され，売上高654,070，製造原価580,000，R&D 費13,400，販売費13,500，一般管理費9,000という結果が得られました。これらのデータを用いて，次の予算差異分析表を完成させなさい。

予算差異分析表

	予算（目標）	実　績	差　異	有利・不利
売上高	669,400	⑤	⑪	不利
製造原価	585,000	⑥	⑫	⑰
R&D費	①	⑦	⑬	―
販売費	②	⑧	⑭	⑱
一般管理費	③	⑨	⑮	⑲
利　益	④	⑩	⑯	⑳

（注）　売上高差異は「実績−予算」，その他の費用項目の差異は「予算−実績」で求め，プラス（＋）は有利，マイナス（△）は不利と判定する。期首棚卸高および期末棚卸高はゼロと仮定する（すなわち，製造原価＝売上原価）。

54

⑵　販売部門，生産部門，R&D 部門，本社スタッフ部門のうち，予算目標が達成できた 2 つの部門はどれですか。

答え	

■解説

1　予算とは何か

　誰でも一度ぐらいは計画を立てたことがあると思います。あるいはお正月になると，きまって新年の計画を立てる人もいます。計画といっても，人生計画，十年計画，年間計画，四半期計画，月間計画，週間計画と，期間の長さによってさまざまな計画が考えられます。場合によっては，1日の計画を立てる人がいるかもしれません。では，人はなぜ計画を立てるのでしょうか。この問いには，逆に，無計画な人生を送ったり，計画のない1年を送ってしまった自分を想像してみれば，答えが容易に見つかるでしょう。そうです。計画は大事な人生や時間を無意味なものにしないために必要なのです。

　企業も同じです。むしろ企業にとっては，より切実な問題です。というのは，企業は常に競争の中に置かれていて，一つ間違えると企業自体の存続すら危うくなるからです。そこで，企業は各種の計画を立て自らの成長と発展を図るのです。代表的な企業の計画としては，長期経営計画，中期経営計画，短期利益計画，予算などがあります。なかでも「予算」は，われわれの日常生活においてよく使われる用語ですが，企業においても予算の重要性は非常に大きいといえます。

　予算の学問的な定義の一つに，「通常向こう1年間の企業活動およびそれに伴う企業資源の使途を総合的に貨幣単位で表示するものが予算である」という定義があります（溝口編（1987），p.99）。これをもっとやさしい言葉に置き換えると，予算は「向こう1年間の数値的計画」であるといえるでしょう。企業内のさまざまな部門が自らの数値的計画（すなわち，予算）を立て，それを目標に1年間の活動を展開していくわけです。

　もっとも，実際が計画どおりにいくとは限りません。実際は，目標として

○ 図表1　予算管理のイメージ

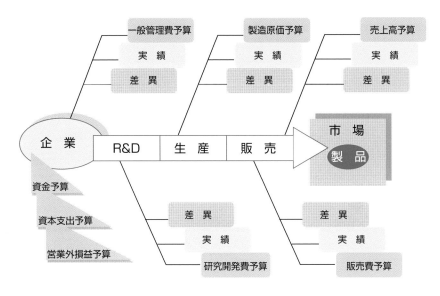

いる予算数値を上回ったり下回ったりするわけです。そこで，目標としての「予算」に対して，実際の活動の結果としての「実績」を集計し，実績が予算をどれだけ上回っているのかをチェックすることになります。そこから，予算と実績の「差異」を計算し，その差異の原因を究明していけば，各部門に内在する問題点を発見することができます。また，是正措置を講じていくことによって，次期以降の活動で優れた実績を達成することも可能になります。

　このように，予算管理は企業という大きな組織を一つにまとめていくうえで，非常に有効なマネジメント手法となっています。こうした予算管理のイメージを，価値連鎖の図をもとに図式化したのが**図表1**です。このイメージ図を用いて以下の議論を進めることにしましょう。

2　予算編成スケジュールと見積損益計算書

　まずはじめに，予算編成スケジュールについて見てみましょう。**図表2**に示すように，予算編成プロセスは「予算編成方針の作成」からスタートします。トップマネジメントの意向を受けて予算編成事務局（予算課）により予算編成方針が作成されると，その方針は予算責任単位（各執行部門）に示達され，部門予算案作成のベースとなります。予算課との擦り合わせを経ながら各執行部門は自らの部門予算案を作成しますが，そうしてできあがった部門予算案は予算課に提出され，集計されます。そして，予算課は部門予算案を修正・調整し，総合予算案にまとめあげます。その後，予算委員会を開き，

● 図表2　予算編成スケジュールの一例

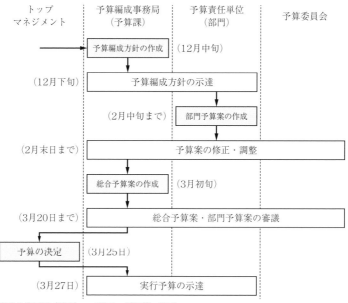

出所：溝口編（1987），p.108に一部加筆・修正

予算編成方針と利益計画にもとづき総合予算案と部門予算案を審議し調整を図ります。そして最終段階として、予算委員会でまとまった予算原案はトップマネジメントによって最終決定され、予算課を経由して各執行部門に示達されることになります。

　もっとも、予算と一言でいっても、そこにはさまざまなものが含まれています。**図表3**のように、総合予算には、損益予算、資金予算、資本支出予算が含まれ、損益予算はさらに売上高予算、売上原価予算、製造原価予算、販売費予算、一般管理費予算、研究開発費予算、営業外損益予算に分かれます。そして、損益予算は、最終的には見積損益計算書の形式をとることになります。

● 図表3　予算の体系

総合予算	損益予算	売上高予算 売上原価予算 製造原価予算 販売費予算 一般管理費予算 研究開発費予算 営業外損益予算	見積損益計算書
	資金予算		
	資本支出予算		

　このようにして編成された各部門の予算が仮に**図表4**のとおりだとしましょう。損益計算書を作成するために必要なすべての項目が揃っているので、これらの数値を使って、予算上の損益計算書、すなわち「見積損益計算書」を作成することができます（**図表5**）。

　図表4の部門別予算およびそれを総合した見積損益計算書（**図表5**）を目標に、1年間の企業活動が展開されることになります。その意味では、予算は企業活動のガイドラインとして機能しているといえるでしょう。したがって、予算期間終了後あるいは一定期間（四半期ごと、1カ月ごと）をとって、期間中の活動がどの程度予算に忠実であったかを、何らかの方法によって明

59

● 図表4　予算の編成

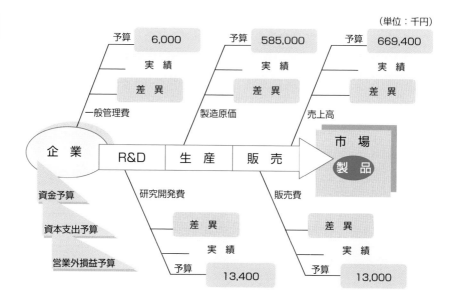

（単位：千円）

● 図表5　見積損益計算書（要約）

（単位：千円）

	テレビ	ホームAV機器	パソコン	合計
売上高	247,000	290,400	132,000	669,400
売上原価	213,000	264,000	108,000	585,000
売上総利益	34,000	26,400	24,000	84,400
研究開発費				13,400
販売費				13,000
一般管理費				6,000
営業利益				52,000

（注）　期首棚卸高および期末棚卸高はゼロと仮定する（すなわち，製造原価＝売上原価）。また，各製品別データは，上記のとおりと仮定する。

らかにする必要が出てきます。予算に対して実績を測定・比較し，予算と実績の差異を求め差異発生の原因を分析する，いわゆる「予算差異分析」がその一つの方法といえます。

3 予算差異分析

いま仮に，予算編成から1年が経って予算期間が終了し，しかも実際の企業活動の結果が**図表6**のとおりであったとしましょう。目標としての予算に対応する形で実績が示されており，予算から実績を差し引いた予算と実績の差異も一目瞭然となっています。

まず，**図表6**の売上高から見てみましょう。当初の予算目標669,400（千円）に対し，実際は654,070（千円）を売り上げています。売上高は収益ですから金額は大きいほど有利ですが，ここでは実績（654,070）が予算（669,400）を下回っているので，その差異は企業にとっては不利な差異（△15,330）といえるでしょう。売上高における不利差異は，当初計画していた売上高を達成できなかったことを意味します。

● 図表6　予算差異分析

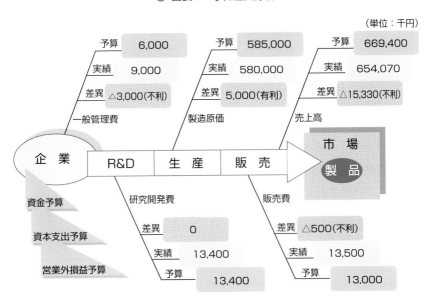

（単位：千円）

	予算	6,000
	実績	9,000
	差異	△3,000（不利）

一般管理費

	予算	585,000
	実績	580,000
	差異	5,000（有利）

製造原価

	予算	669,400
	実績	654,070
	差異	△15,330（不利）

売上高

企業　R&D　生　産　販　売　→　市　場　製　品

資金予算
資本支出予算
営業外損益予算

研究開発費

	差異	0
	実績	13,400
	予算	13,400

販売費

	差異	△500（不利）
	実績	13,500
	予算	13,000

61

　図表6のうち，売上高以外はすべて費用項目なので，金額は小さいほど有利といえます。たとえば，製造原価の予算が585,000（千円）となっていますが，実績は580,000（千円）なので，その差異＋5,000（千円）は有利な差異といえます。もともと585,000（千円）かかると予定していた製造原価が580,000（千円）しかかからなかったというわけです。以下，費用項目については同様の分析を行うことができます。その差異分析の結果は**図表7**のとおりです。

　図表7から分かるように，売上高の成績が非常に悪く，予算目標を△15,330（千円）も下回っているため，製造原価において＋5,000（千円）の有利な差異を出したにもかかわらず，最終的には△13,830（千円）の不利な差異となりました。販売費や一般管理費も確かに目標をクリアすることはできなかったのですが，それにもまして売上高の不振が大きく響いています。

● 図表7　予算差異分析の結果

(単位：千円)

項　　目	差　　異
売上高	△15,330（不利）
製造原価	＋5,000（有利）
研究開発費	0
販売費	△500（不利）
一般管理費	△3,000（不利）
合　　計	△13,830（不利）

　以上の結果から，経営管理者はとくに販売部門を中心に売上不振の原因が何かを調査する必要があるでしょう。そこで，売上高について，より詳細な予算・実績差異分析を行うことにしましょう。**図表8**の分析結果からは，不利な売上高差異△15,330（千円）のうち△13,000（千円）がテレビ製品の売上不振によるものであることが分かります。さらに，テレビ製品の販売価格と販売数量を把握することで，テレビ製品の売上不振の原因が具体的に何であるかを明らかにすることもできます。

　横軸を販売数量，縦軸を販売価格とする，**図表8**（下段）のようなボック

● 図表8　売上高の予算・実績差異分析（詳細）

（単位：千円）

	テレビ	ホームAV機器	パソコン	合　計
予算売上高	247,000	290,400	132,000	669,400
実際売上高	234,000	290,000	130,070	654,070
売上高差異	△13,000(不利)	△400(不利)	△1,930(不利)	△15,330(不利)

*各製品別データは，上記のとおりと仮定する。

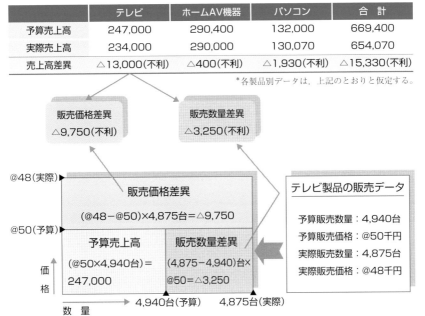

（注）　ボックス図の横軸（数量）と縦軸（価格）ともに，図の内側に予算数値，外側に実際数値を置く。売上高の場合，「実際－予算」で差異を求め，その差額がマイナス（△）であれば不利，プラス（＋）であれば有利と判断する。

ス図を用いることによって，テレビ製品の販売価格差異（販売価格が原因で生じた予算と実績の差異）と販売数量差異（販売数量が原因で生じた予算と実績の差異）が計算できます。それによると，テレビ製品の売上不振は，販売数量が予算目標に満たなかったことも原因ですが，どうやら販売単価が予算目標より＠2（千円）安かったことに主原因があるようです。ここまで原因究明が進むと，経営管理者には次にどのような対策を打たなければならないかが自ずと分かってくるでしょう。

4　予算スラックと予算ゲーム

　予算については，トップダウンで関連部門に示達される方式がとられることはそれほど多くありません。多くの場合，予算編成方針にもとづいて，予算執行の責任単位となる各部門が予算原案を作成することから予算の編成は始まります（**図表2**）。予算責任単位（部門）に自らの予算原案を作成してもらう理由は大きく2つあります。

　一つは，それぞれの業務にもっとも精通し，現場の状況を熟知している者でなければ適切な予算は作成できないという理由です。いま一つは，予算編成に直接携わることで，予算目標の達成に対してコミットメントが高まり，能動的に予算達成に向けた取り組みをするに違いないと考えるからです。後者の考え方は，人の動機づけあるいはモチベーションを考慮することを意味します。動機づけの観点から，予算責任を持つ者に予算編成に関与してもらってできあがる予算のことを「参加型予算」といいます。

　しかし，予算に関しては，モチベーション以外にも考慮すべき要因があります。マネジャーが予算編成に関与する場合，「費用予算は可能な限り高めに，売上高予算はできるだけ低めに」設定したくなる傾向があるといわれています。業務遂行のための費用予算は多ければ多いに越したことはないし，売上高予算を低めに設定できれば，その分予算目標の達成が容易になるからです。業績（予算目標の達成度）に応じて，ボーナスなどのインセンティブが付与される仕組みを採用している企業では，目標達成を容易にしようとする誘因がより強く働くでしょう。もちろん，予算原案を取りまとめ，各部門と折衝しながら全社的な総合予算を作成する本社のスタッフ（予算課）は，各部門から提出された予算原案に，費用に関しては「水増し」，収益に関しては「過小計上」された数値が盛り込まれていないかチェックすることになります。この種の余裕部分は予算スラック（budgetary slack）と呼ばれてい

ます（**図表9**）。

● 図表9　予算スラックと予算ゲーム

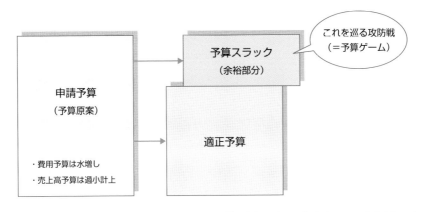

　しかし，どれほどの予算スラックが予算原案に組み込まれているかは，本社スタッフのみならず，予算責任単位（部門）においても正確には測定できません。業務遂行に必要なお金が正確にいくら必要かは誰にも分からないからです。ただし，日々業務に直接携わっている部門のほうが，現実的でより正確な情報を把握しているという点を踏まえると，本社スタッフと現業部門の間には情報の非対称性が存在しているといえます。

　そのため，予算編成作業は，ある意味で，本社スタッフと予算責任単位の間の，予算スラックを巡る攻防戦なのです。予算編成にあたっては，予算編成責任単位はさまざまな手段を講じて，「費用は多めに，収益は低めに」獲得しようとします。このような機会主義的行動のことを予算ゲーム（budget game）と呼びます。予算ゲームは生じないことが理想ですが，それは現実にはほとんど不可能でしょう。

　大切なことは，どのような環境が整備されれば参加型予算編成がモチベーションを高めるかを検討してみること，過度の予算ゲームによって予算編成作業自体が儀式化したり，予算編成が時間と労力と経営資源の無駄づかいにならないように配慮すること，そして，予算スラックの存在を認めつつ，必要以上のスラックが予算ゲームによって特定の部門に偏在しないように留意

することなどです。参加はモチベーションの高揚に必ずしもつながるとは限らないのです。

注：本文の記述の一部ならびに数値の一部は，溝口編（1987）の第6章を参考にしています。また，予算スラックと予算ゲームの部分は，加登・梶原（2017），pp.97-100から引用しています。

★コラム　PDCA サイクルは「回る」か？★

どの管理会計の教科書も，予算管理にあたっては，下記のように Plan（予算の編成）–Do（予算達成に向けての活動）–Check（予算と実績との比較）–Action（適切な是正措置の実施）という PDCA サイクルの重要性を指摘しています。サイクルというからには，A の活動の後に次期の予算編成という P の活動が行われることが想定されています。

- （P）予算目標の設定と組織内部署への示達
- （D）予算目標達成に向けての会計期間中の活動，および期中における予算目標達成の進捗管理
- （C）期末の実績測定と予算と実績との比較分析（予算・実績比較）
- （A）適切な是正措置の実施

しかしながら，期末にならないと実績は確定しないし，実績が確定し予算・実績比較分析を行うとしても，それはすでに新しい会計期間が始まったあとになってしまいます。つまり，予算・実績比較分析を行って，必要な是正措置を講じてから，次の期の予算編成を行うことはできないのです。3 月決算の企業を想定すると，現実には今期の予算・実績比較分析や是正措置の実施は次期の予算期間中（上場企業であれば，6 月に株主総会が実施されるので，その準備を考えると，株主総会終了後）になります。つまり，第 1 四半期終了後に実施されることになるわけです。それゆえ，次期の予算を，今期の予算達成度を考慮したものにすることはかなり難しいといえます（図表 A）。

このように，予算管理における PDCA サイクルは複数の会計期間を跨いで行わざるをえないことを十分に承知しておく必要があるでしょう。

● 図表A　予算管理ではPDCAサイクルと現実にズレが生じる

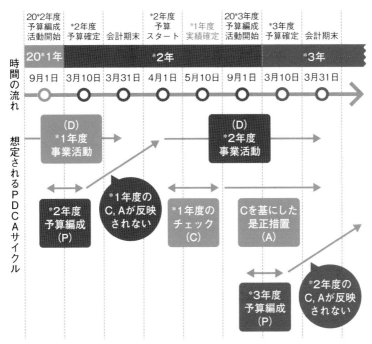

出所：加登豊「"PDCAを回せ"と指示する管理職は無責任：「予算管理」では時期ズレが発生」PRESIDENT Online（2017年12月25日）

事例 A　太平洋セメント

　太平洋セメント（5233）は2002年3月期から，従来の事業部門別の予算管理を細分化し，事業所別に予算目標値に対する実績を月次で算出する。各事業所に責任を持たせることで，より徹底した損益管理を目指すとともに，本社の管理機能の縮小も図る。将来はグループ会社へも広げたい考えだ。

　同社はこれまでセメント，資源，ゼロエミッション，不動産，その他の5つの事業部別に縦割りの予算管理をしていた。今期から20の事業所別（本社，研究所，8工場，10支店）にも横割りの予算を作成する。今期は試験的に算出しているが，来期には現在開発中のソフトウエアを活用し本格導入する予定。

太平洋セメの損益管理イメージ

（従来）

本社管理部門
- セメント事業
- 資源事業
- 不動産事業
- その他事業

ゼロエミッション事業

（今回）

本社管理部門
- 支店 北海道
- 10支店 ••••
- 上磯工場
- 8工場 •••
- 本社
- 研究所

- セメント
- 資源
- 不動産
- その他

ゼロエミッション

従来の事業部門別の予算管理では，事業部門の損益が改善しても実際にどの部分の貢献度が高かったのかがわかりにくかった。事業所の貢献度を明確にするほか，事業所の責任者に権限を持たせることで，本社の管理部門の役割を減らし，コスト削減にもつなげる。

一般的に，製造業では製造・販売が一体となったカンパニー制を導入する企業が増えており，工場や支店を分離した予算管理体制を改めて導入するのは珍しい。セメント会社は一つの工場で複数の製品を作っているうえ，各地域の工場がほぼ同じ事業を行っている。事業部門としてだけでなく，事業所単位でより細かく管理するほうが得策と判断した。今回の予算管理システムの対象は単体の事業所のみだが，来期以降は段階的にグループ会社にもシステムを導入することも検討している。

＊ケースの出所：日経金融新聞（2001年9月11日，7面）

事例B　第一生命保険

第一生命保険は，「ドンブリ勘定」だったIT予算編成を抜本的に改め，重点分野へ集中的に予算を配分することに挑んでいる。IT予算を細かく分類したうえで，経営の視点から個別の予算をチェックする体制へ移行。2004年度までの3年間で，営業力や商品開発力の強化につながる予算枠の比率は，2倍以上に増えた。

「正直に言って，以前のIT予算はドンブリ勘定だった」。第一生命保険のA・IT企画部IT企画課長は，こう振り返る。同社は2002年度から4年間にわたって，「IT投資マネジメント制度」と呼ぶ，IT投資改善策に取り組んできた。その狙いを，CIO（最高情報責任者）を務めるB常務執行役員は「IT予算の総額を抑えつつ，本業の強化につながる戦略的なシステム投資を増やすこと」と説明する。以前のIT予算枠は，全社レベルと部門レベルという2分野のみ。予算編成のタイミングも1年に1回だった。「外交員を使った保険商品の販売が主流だった時代は，その

年の予算を参考に次年度の予算を組めた。しかし，規制緩和やネットの普及などでチャネルはどんどん多様化している。もう，この方法は通用しない」（A課長）。

（中略）第・生命はIT投資の最適化を実現するため，ドンブリ勘定の元凶だった予算編成の枠組みを見直すことから取り組んできた。2002年までは全社レベルと部門レベルという2種類のみだった予算カテゴリを，投資案件の性格に応じて詳細化している。全社のIT企画部門が持つ予算枠（戦略枠）については，「戦略投資案件」と「必須案件」の2種類に分けた。戦略投資案件とは，新商品や新たな販売チャネル向けのシステム開発，業務提携した企業とのシステム連携など，「全社レベルでの競争力強化や顧客サービス向上に直結する案件」（B常務執行役員）である。必須案件とは，法律の改正や監督官庁からのガイドラインなどに対応するため，必ず実施しなければならない投資案件のことだ。

利用部門が持つ予算枠のカテゴリは，「通常案件（開発）」，「通常案件（保守）」，「事業維持案件」の3つに分類。通常案件（開発）とは，部門レベルのシステム開発案件の中で，予算規模が500万円以上のもの。既存システムの機能拡張や，部門内での情報共有などだ。予算規模が500万円に達しない案件や，既存システムのバグ修正，画面表示の修正といった小規模な案件が通常案件（保守）。これ以外のシステム運用に関する予算が，事業維持案件である。詳細化した投資カテゴリに合わせて，予算編成サイクルも見直した。戦略枠の必須案件と戦略投資案件，および部門枠の通常案件（開発）については，年に4回のタイミングで予算を編成する。「重要な案件の予算編成の回数を増やすことで，開発に着手する時期に予算編成の時期を引きつけやすくなり，予算見積もりの精度をより高めることができる」（A課長）。

同社では次年度の経常収支の見通しや減価償却費などを考慮して，IT予算の年間総額を決定。この結果を基に，四半期や半年の各予算枠の目安を決める。予算編成の際には，予算の合計額が目安を超えないよう調整する。IT投資マネジメント制度を実施する以前は，予算編成のタイミングが年に1回だったので，最長で1年後に開発を始める案件でも，予算を見積もらなければならなかった。予算を正確に見積もるのが難しいため，「とりあえず多めにという意識が働きがち。結果として，実際の開発費よりも過剰に予算を申請した案件が増えてしまっていた」（B常務執行役員）。実際に予算編成の回数を増やしたことで，予算の過剰申請が大幅に減少している。予算過剰だった案件を申請した部門数は，同制度を開始した直後の2002年度には全16部門中8部門。これが2004年度には2部門にまで減少した。浮いた分

69

の予算は，そのまま全社枠の増加に寄与している。

＊ケースの出所：日経コンピュータ（2006年3年6日，pp.136-139）より一部を抜粋，個人名を匿名化して掲載

【その他の事例】

● トヨタカローラ大阪：日刊自動車新聞（1999年1月8日，12面），または加登・李（2011年，pp.188-189）

■確認テスト

① 企業における，向こう一年間の数値的計画を（　　　　　）という。

② マネジメントサイクルは，（　　　　　），（　　　　），（　　　　　），（　　　　　）の頭文字をとって PDCA サイクルともいわれている。

③ 予算編成の方法には，トップマネジメントが中心となって予算を決定し，各部門に示達するトップダウン型の予算編成と，各部門が自部門の予算案を編成し，擦り合わせの上，トップマネジメントから承認を得る（　　　　　）予算編成の方法がある。

④ マネジャーは，費用予算は多めに，売上高予算は少なめに設定することで，予算に余裕を持たせようとする傾向がある。この余裕部分を（　　　　　）という。

⑤ 目標としての予算と活動結果としての実績を比較することで，予算と実績の差異を求め，その差異の発生原因を分析することを（　　　　　　）という。

■Exercises

P 社の今年度の予算は次のとおりです。

（単位：千円）

売上高予算	875,000	製造原価予算	500,000
R&D 費予算	100,000	販売費予算	100,000
一般管理費予算	75,000		

❶ 当期の実績が，売上高 885,000，製造原価 530,000，R＆D 費 95,000，販売費95,000，

一般管理費 75,000 の場合，次の予算差異分析表を完成させなさい。

	予算（目標）	実　績	差　異	有利・不利
売上高	875,000	（　　）	（　　）	（　　）
製造原価	（　　）	（　　）	（　　）	（　　）
R&D 費	100,000	95,000	5,000	有利
販売費	（　　）	（　　）	（　　）	（　　）
一般管理費	（　　）	（　　）	（　　）	（　　）
利　益	（　　）	（　　）	（　　）	（　　）

(注)　期首棚卸高および期末棚卸高はゼロと仮定する(すなわち，製造原価＝売上原価)。

❷　本社スタッフ部門，生産部門，R&D 部門，販売部門のうち，予算目標を達成できなかったのはどの部門ですか。

❸　適正予算が，売上高 900,000，製造原価 470,000，R&D 費 95,000，販売費 80,000，一般管理費 70,000 だとすると，今年度の予算（上記）には，各予算項目ごとにどの程度の予算スラックが含まれていますか。次の表を完成させ，予算スラック総額を求めなさい。ただし，売上高（収益）は過小計上分，費用項目は水増し分をスラックとして認識すること。

	今年度の予算（目標）	適正予算	予算スラック
売上高	875,000	（　　）	（　　）
製造原価	（　　）	（　　）	（　　）
R&D 費	100,000	95,000	5,000
販売費	（　　）	（　　）	（　　）
一般管理費	（　　）	（　　）	（　　）

◎予算スラックの総額＝[　　　　　　　]

❹　【事例 A：太平洋セメント】において，⑴同社の従来の事業部門別の予算管理にはどのような問題点がありましたか。また，⑵新たな予算管理方式の導入によって期待される効果は何ですか。

❺　【事例 B：第一生命保険】において，同社は戦略枠などの予算カテゴリーを対象に，年 1 回の予算編成から年 4 回の予算編成に制度を改めましたが，その結果としてどのような効果が表れましたか。

【ケース③】の答え

（ 1 ） ①13,400， ②13,000， ③6,000， ④52,000， ⑤654,070， ⑥580,000， ⑦13,400， ⑧13,500， ⑨9,000， ⑩38,170， ⑪△15,330， ⑫5,000， ⑬0， ⑭△500， ⑮△3,000， ⑯△13,830， ⑰有利， ⑱不利， ⑲不利， ⑳不利

（ 2 ） 生産部門と R&D 部門

管理的コントロール志向のコストマネジメント

戦略的コントロール
・ABC／ABM
・品質コストマネジメント
・制約条件の理論

戦略的プランニング
・原価企画
・環境コストマネジメント
・ライフサイクル・コスティング
・価格決定
・バランス・スコアカード

COST MANAGEMENT

管理的コントロール
・業績評価
・在庫管理

・予算管理
・標準原価管理

管理的プランニング
・CVP分析

第4章

標準原価管理

◉学習ポイント◉

❶ 標準原価管理とは何かを学びます。

❷ 標準原価と実際原価の差異分析を理解します。

❸ 標準原価管理の意義がなぜ低下しているのかを考えます。

ケース④

◇ユタカ㈱は，第２工場稼働時から製品Ｚの原価管理のために標準原価計算制度を採用しています。原価標準にもとづく製品Ｚの１カ月間の標準原価と６月の実際原価は次のとおりです。なお，同社では１年ごとに当該製品の原価標準を見直すことにしています。

標準原価
直接材料費（1,260,000円）
標準消費量　　　630kg
標準単価　　　2,000円/kg
直接労務費（810,000円）
標準作業時間　　900時間
標準賃率　　　900円/時間
製造間接費（1,800,000円）
標準作業時間　　900時間
標準配賦率　　2,000円/時間

実際原価（６月）
直接材料費（1,625,000円）
実際消費量　　　650kg
実際単価　　　2,500円/kg
直接労務費（950,000円）
実際作業時間　　950時間
実際賃率　　1,000円/時間
製造間接費（2,050,000円）
実際作業時間　　950時間

（注）　基準操業度（月間）は1,000時間（500個生産），製造間接費予算（月間）は2,000,000円である。

(1)　６月の実績をもとに，標準原価と実際原価の差異分析を行い，下記の各差異を求めなさい。各差異について，不利差異か有利差異かを示すこと。

総 差 異	①直接材料費差異（総差異）＝	②価格差異＝ ③数量差異＝
	④直接労務費差異（総差異）＝	⑤賃率差異＝ ⑥作業時間差異＝
	⑦製造間接費差異（総差異）＝	

(2) 上記の差異分析の結果から何がいえるでしょうか。

答え	

■解説

1 原価管理の考え方

　標準原価管理の説明に入る前に，そもそも原価を管理するということが何を意味するのかを考えてみましょう。一般に，「原価」は「コスト」とも呼ばれ，製品の製造段階でかかるさまざまな費用を指しています。大概の製品の原価は，「材料のコスト」「その材料を加工するのにかかる人件費」「その他のコスト」といった3つの部分から構成されます。会計の分野では，これら3つの原価をさらに直接費と間接費に分け，「直接材料費」，「直接労務費」，「製造間接費」といった3つの原価要素に区分しています。

　仮に，容器入りのアイスクリームの原価が**図表1**のとおりだとしましょう。原価の3つのカテゴリーごとに，「直接材料費30＋6＋4＝40」「直接労務費13＋3＋4＝20」「製造間接費＝30」となり，製品の製造にかかった原価はこれ

● 図表1　アイスクリームの原価

らを合計して90（＝40＋20＋30）円になります。90円で作った製品を販売価格120円で販売するとすれば，このアイスクリーム1個を売り上げるたびに30（＝120－90）円の利益が出ることになります（営業費を考慮しない場合）。

　製品1個当たりで考えると，「販売価格－原価(直接材料費＋直接労務費＋製造間接費)＝利益」となるわけですから，製品1個当たりの利益を増やそうとすれば販売価格を上げるか原価を引き下げなければなりません。販売価格は市場で決まることが多いので，企業側で自由に設定できる余地はあまり残されていません。そこで，企業は原価を引き下げることによって利益を増やそうとするでしょう。体系的に原価を引き下げるためには「原価を管理すること」，すなわち「原価管理」がどうしても必要となるのです。

2　標準原価管理とは何か

　伝統的な原価管理手法といえば，標準原価計算による原価管理（以下，標準原価管理）がもっとも代表的といえます。標準原価管理は，主として生産段階での原価管理手法です。**図表2**をご覧ください。企業と市場の間には太い矢印で表される橋が架かっています。その架け橋が，研究開発（R&D），生産，販売といった企業のライン職能からなっており，いわゆる「価値連鎖」と呼ばれるものです。

　さて，標準原価管理においては，焦点が生産段階に置かれています。標準的な条件の下で生産を行えば原価はいくらでないといけないのかをあらかじめ決定し（原価標準と標準原価の設定），それを目標に実際の生産を行い，事後的に原価の集計を行います。次に，集計された実際の原価が目標として設定しておいた標準原価とどの程度ギャップがあるのかをチェックするわけです。標準原価と実際原価の差，それが「標準原価差異」と呼ばれるものであり，その差異をもたらした原因を探り是正措置を講じることで，次月以降の

79

● 図表2　標準原価計算による原価管理

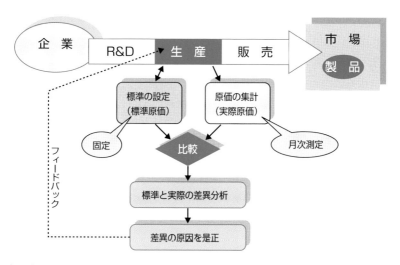

生産工程においてより効率的な生産が可能となります。その結果，製造原価が低減できるというわけです。

　その際，実際の原価は月次測定しますが，目標となる原価標準（製品1個当たりの標準原価）と標準原価（原価標準に製品生産量を掛けた金額）は生産の状況が大きく変わらない限り基本的に固定されたままになります。もちろん，状況が変われば原価標準も見直されますが，その見直しの期間は企業によって，また状況によって異なります。1年ごとに見直されることもあれば，6カ月ごとに改訂されることもあるといった具合です。

3　原価差異分析の進め方

　原価差異分析は，**図表2**では「標準と実際の差異分析」のところにあたります。標準原価と実際原価の間にギャップがあるとしても，それがどういう原因に起因するのかを明確にしないことには対策を打つ術がありません。た

んに「原価」といっても，そこには「直接材料費」「直接労務費」「製造間接費」といった3つの性質の異なるものが含まれています。そのため，「原価差異」には，「直接材料費差異」「直接労務費差異」「製造間接費差異」の3つの差異が考えられるわけです。おのおのの差異がどれだけ大きいのかを把握することによって，差異が異常に大きいカテゴリーに重点をおいて対策を講じることができるでしょう。それでは，おのおのの差異をケース④のデータを使って実際に計算してみることにします。

1　直接材料費差異

　原価カテゴリーのうちの「直接材料費」は，月次単位で考えると，1カ月間の生産過程で消費した材料の数量にその材料を外部から購入してくるときに支払った1個当たりの価格（単価）を乗じることによって計算できます。すなわち，「直接材料費＝材料消費量×単価」なのです。**図表3**には，標準と実際の数値（ケース④のデータ）が示されています。

　図表3に見るように，標準的にいけば，仕入単価2,000円の材料を月630kg消費するはずですが，実際には仕入単価が2,500円となり，しかも月650kgを消費しています。仕入単価も標準として設定しておいたレベルより高く，消費量も標準として設定しておいた水準より多いので，両者を乗じて計算される直接材料費は，当然実際のほうが標準を上回ります。製品を作るのにかかる材料費は少ないほど企業にとっては望ましい（有利）わけですから，**図表3**のような状況，すなわち材料費が標準よりも多くかかるような状況は望ましくない（不利）のです。この望ましくない不利な差異は△365,000円（＝1,260,000円－1,625,000円）になります（**図表3**の分析1）。

　直接材料費の標準と実際の差異は△365,000円の不利な差異を出しましたが，それは2つの原因によります。前述のように，本来想定していた仕入価格よりも実際の仕入価格が高かったことと，想定していた消費量よりも多くの材料を使用したことによります。では，△365,000円の不利な差異にこの2つの原因がどれだけ関わっているのでしょうか。

● 図表3　直接材料費の差異分析

（分析1）直接材料費総差異

	標　準	実　際
材料消費量	630kg	650kg
単　価	2,000円/kg	2,500円/kg

直接材料費	1,260,000円	1,625,000円

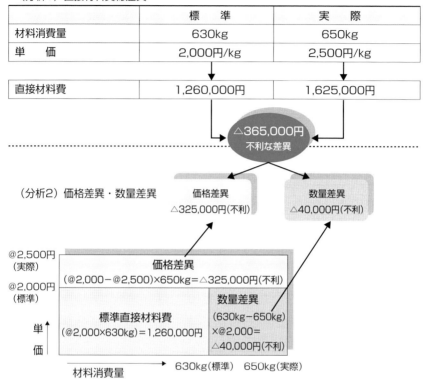

（分析2）価格差異・数量差異

価格差異
△325,000円(不利)

数量差異
△40,000円(不利)

（注）ボックス図の横軸（消費量）と縦軸（単価）ともに，図の内側に標準数値，外側に実際数値を置く。原価の場合，「標準－実際」で差異を求め，その差額がマイナス（△）であれば不利，プラス（＋）であれば有利と判断する。

　実際の材料仕入単価と標準単価との差によってもたらされる原価差異は「価格差異」と呼ばれ，**図表3**の分析2のボックス図の上段の面積として求めることができます。同様に，実際の材料消費量と標準消費量との差によってもたらされた原価差異は「数量差異」と呼ばれ，**図表3**の分析2のボックス図の右下部分の面積として求められます。その結果，企業にとっては不利なこの△365,000円の直接材料費の総差異は，価格が原因で発生した△325,000円の不利差異と消費量が原因で発生した△40,000円の不利差異に

82

分解できるのです。

2　直接労務費差異

　次に，原価カテゴリーのうちの「直接労務費」について見てみましょう。分析の仕方は直接材料費の場合とほぼ同様で，１カ月間の生産過程で費やした直接作業時間に時間当たりの賃率を乗じることによって計算できます。すなわち，「直接労務費＝作業時間×賃率」なのです。**図表4**には標準と実際の数値（ケース④のデータ）が示されています。

　図表4によると，標準的にいけば，時間当たり賃率が900円の作業を900時間行うはずだったのが，実際には賃率が@1,000円となり，しかも月950時間の作業をしています。工具に支払う賃率も標準として設定しておいたレベルより高く，かつ作業時間も標準として設定しておいたレベルより多いので，両者を乗じて計算される直接労務費は，当然，実際のほうが標準を上回ります。製品を作るのにかかる労務費は少ないほど企業にとっては望ましい（有利）わけですから，**図表4**のような状況，すなわち労務費が標準よりも多くかかるような状況は望ましくない（不利）のです。この望ましくない不利な差異は△140,000（＝810,000－950,000）円になります（**図表4**の分析1）。

　直接労務費の標準と実際の差異は，△140,000円の不利な差異を出しましたが，それは2つの原因によります。前述のように，本来想定していた賃率よりも実際の賃率が高かったことと，想定していた作業時間よりも多くの時間を実際には費やしたことによります。では，△140,000円の不利な差異にこの2つの原因がどれだけ関わっているのでしょうか。

　実際の賃率と標準賃率との差によってもたらされる原価差異は「賃率差異」と呼ばれ，**図表4**の分析2のボックス図の上段の面積として求めることができます。同様に，実際の作業時間と目標としての標準作業時間との差によってもたらされた原価差異は「作業時間差異」と呼ばれ，**図表4**の分析2のボックス図の右下部分の面積として求められます。その結果，企業にとっては不利なこの△140,000円の直接労務費の総差異は，賃率が原因で発生し

● 図表4　直接労務費の差異分析

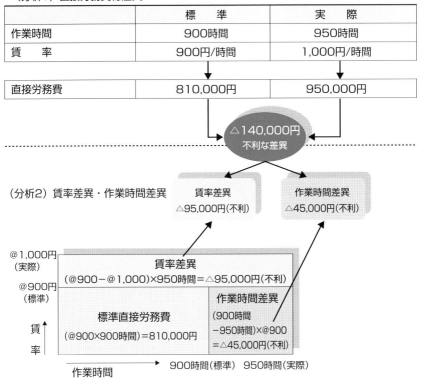

（分析1）直接労務費総差異

	標　準	実　際
作業時間	900時間	950時間
賃　率	900円/時間	1,000円/時間

直接労務費	810,000円	950,000円

△140,000円
不利な差異

（分析2）賃率差異・作業時間差異

賃率差異
△95,000円(不利)

作業時間差異
△45,000円(不利)

@1,000円
（実際）

@900円
（標準）

賃率差異
(@900−@1,000)×950時間＝△95,000円(不利)

作業時間差異
(900時間
−950時間)×@900
＝△45,000円(不利)

標準直接労務費
(@900×900時間)＝810,000円

賃
率

作業時間　　900時間(標準)　950時間(実際)

（注）　ボックス図の横軸（作業時間）と縦軸（賃率）ともに，図の内側に標準数値，外側に実際数値を置く。原価の場合，「標準−実際」で差異を求め，その差額がマイナス（△）であれば不利，プラス（＋）であれば有利と判断する。

た△95,000円の不利差異と作業時間が原因で発生した△45,000円の不利差異に分解できるのです。

3　製造間接費差異

　原価カテゴリーの3つ目は「製造間接費」ですが，この製造間接費差異は前述の直接材料費差異や直接労務費差異とは分析の仕方が若干異なります。その理由は，直接材料費と直接労務費が製品の生産量に比例して発生するの

に対し，製造間接費は必ずしも生産量に比例していないからです。では，ケース④のデータをもとに，固定予算による製造間接費の差異分析を行ってみましょう。

　製造間接費の差異分析は，まず予算からスタートします。予算はさまざまな項目について，１年間の数値目標として設定されます。当然，製造間接費予算も総合予算の中には含まれているわけですから，そこから月間の製造間接費予算は容易に導かれます。**図表5**によれば，予算から導かれた基準となる月間生産量，基準操業度（基準作業時間），製造間接費予算はおのおの，500個，1,000時間，2,000,000円となっています（**図表5**・分析１の左から２列目）。ということは，「予算上の製品１個当たりの作業時間＝基準操業度（基準作業時間）÷生産量」となり，正常な状況における予算上の製品１個当たりの作業時間は２時間（1,000時間÷500個）となります。また，作業時間当たりの標準製造間接費は，「製造間接費予算÷基準操業度（基準作業時間）」によって求められます。ここでは，作業時間当たり2,000円（2,000,000円÷1,000時間）となります。この作業時間当たりの標準製造間接費は，「標準配賦率」と呼ばれています。

　一方，実際の生産量，作業時間，製造間接費はおのおの450個，950時間，2,050,000円となっています（**図表5**・分析１）。製造間接費の標準は，「実際生産量に対する標準」として計算されます。そのため，製造間接費の予算がそのまま標準にはならないことに注意しましょう。**図表5**の例では，実際生産量（450個）に予算上の数値から導かれた１個当たり作業時間（２時間/個）を乗じて標準作業時間（900時間）を計算することによって，その標準作業時間に対応する標準製造間接費（900時間×@2,000（標準配賦率）＝1,800,000円）を求めることができるのです。その結果，製造間接費の標準と実際の差は△250,000（＝1,800,000－2,050,000）円となります。実際が標準を上回っているため，この差は企業にとっては不利な差異といえるでしょう。

　製造間接費において△250,000円の不利な差異を出していますが，これは

● 図表5 製造間接費の差異分析

（分析１）製造間接費総差異

	基準（予算）	標準(実際生産量に対する標準)	実 際
生産量（個）	500個	450個 ←	450個
作業時間（操業度）	1,000時間	900時間*	950時間
製造間接費	2,000,000円	1,800,000円**	2,050,000円

*450個×（1,000時間÷500個）＝900時間
**900時間×（2,000,000円÷1,000時間）＝1,800,000円

△250,000円
不利な差異

（分析２）予算差異・操業度差異・能率差異

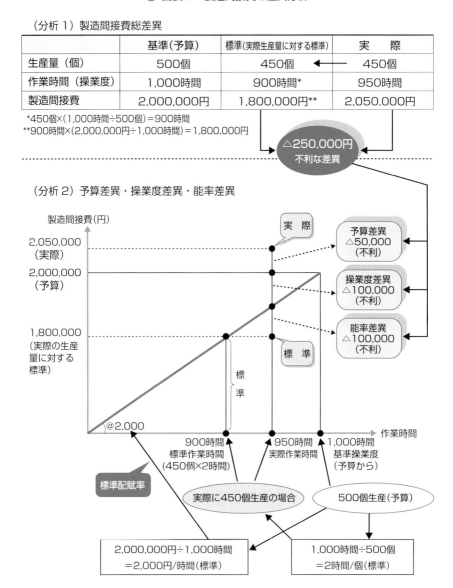

標準原価管理

さらに3つの原因に分解することができます。それらは，作業の能率が悪くて生じる「能率差異」，実際の作業時間が基準操業度に届かなかったために生じる「操業度差異」，実際が予算をどれだけ超えたかを表す「予算差異」です。3つの差異のおのおのの計算は，**図表5**の分析2の図の中に予算，標準，実際をそれぞれ書き込んでいくことによって簡単に計算できます。ここでは，能率差異△100,000円（不利），操業度差異△100,000円（不利），予算差異△50,000円（不利）となっています。

4　原価差異分析のまとめ

　原価の標準と実際の差異を把握することは，原価管理において必要不可欠です。原価には「直接材料費」「直接労務費」「製造間接費」といった3つのカテゴリーがあるため，原価差異にも「直接材料費差異」「直接労務費差異」「製造間接費差異」が考えられます。ケース④のデータからは**図表6**のような差異分析が行われました。まず，原価の標準と実際の差異は△755,000円の不利な（実際が標準を上回る）差異となっています。この差異は，3つのカテゴリーからなっており，「直接材料費差異△365,000円」「直接労務費差異△140,000円」「製造間接費差異△250,000円」はいずれも不利な差異となっています。

　こうした差異をもたらした原因をさらに細かく見ていくと，直接材料費差異は価格による部分△325,000円（不利）と数量による部分△40,000円（不

● 図表6　差異分析結果のまとめ

（単位：円）

	直接材料費差異	価格差異	△325,000（不利）
	△365,000（不利）	数量差異	△40,000（不利）
原価差異	直接労務費差異	賃率差異	△95,000（不利）
△755,000（不利）	△140,000（不利）	作業時間差異	△45,000（不利）
（標準原価と実際原価の差異）	製造間接費差異	予算差異	△50,000（不利）
	△250,000（不利）	操業度差異	△100,000（不利）
		能率差異	△100,000（不利）

利）に分解できます。同様に，直接労務費差異は賃率による部分△95,000円
（不利）と作業時間による部分△45,000円（不利）に分解できます。また，
製造間接費差異も，予算による部分△50,000円（不利），操業度による部分
△100,000円（不利），能率による部分△100,000円（不利）に分解できるの
です。

　経営管理者は，こうした差異分析の結果をもとに，どの原価カテゴリーに
とくに注目すべきか，また当該カテゴリーのどの部分に問題があるかなどを
明らかにし対策を講じることができます。上記の例では，価格差異がとりわ
け大きいので，まずは当該差異の発生原因を明らかにしなければなりません。
そして何らかの対応が必要と判断されれば，たとえば，サプライヤーとの価
格交渉に臨んだり，供給源の多元化を試みるといった具体的な対策を講じる
ことができるでしょう。

4　標準原価計算の意義の低下

　従来，管理会計で原価管理といえば，標準原価管理とほぼ同義でした。し
かしこれも，環境変化にしたがって様相を新たにしています。標準原価計算
による原価管理を行うためには，原価標準の設定が必要になります。各製品
について，作業ごと，材料ごとに原価標準を設定しようとすれば，当然のこ
とながら正確で時間をかけた調査分析が必要になります。

　標準設定のためには，工程設計や製品組み立て手順の確定はもちろんのこ
と，時間研究や動作研究を行うことになります。最近では，VTRや作業者
の視線の動きをモニターできるコンピュータ支援のシステムなども活用され，
エルゴノミクス（ergonomics）の研究成果を取り入れた「人にやさしい」
作業標準を定めることも可能になってきたので，原価標準の設定には従来に
も増して多くのことを検討するようになってきています。

　しかし，顧客ニーズの多様化による多品種少量生産，製品ライフサイクルの短縮化，FA（factory automation）化の進展などの環境要因の変化は，標準原価計算による原価管理の意義を大きく低下させています。というのは，多品種少量生産体制の下では，多品種に対しておのおのの原価標準を設定するには大変な労力が必要となり，しかも少量生産だと標準原価計算の効果が出る前に当該製品の生産が終わってしまうことも考えられます。また，製品の寿命が短いため，せっかくの原価標準もすぐに不要なものになってしまうのです。昔のように苦労をして原価標準を作っても，一度標準が定まれば，それが数年は使えるのであれば意味があるのですが今はそうではありません。

　また，標準原価計算以外に適切な原価管理の手法がないのなら別ですが，工場管理や工程管理の手法を活用することで，標準から逸脱した諸問題がどこでどのように発生しているかを容易に発見できるし，問題をほぼ自動的に処理することさえも可能となってきているのです。また，問題が生じる前に予防する方法も洗練されてきています。工場管理や工程管理を含むオペレーションズ・マネジメントを的確に行うことができれば，付加価値を生まないコストを大幅に削減することも可能です。このように見てくると，少なくとも標準原価計算がコストマネジメントの主要な技法であった時代はすでに過去のものとなり，オペレーションズ・マネジメントによる実体管理手法が，これまで標準原価計算に課せられていた仕事をかなりの程度補完してくれるようになったといえるでしょう。

注：本文の「標準原価計算の意義の低下」の部分は，加登（1999），pp. 111-112から引用しています。

☆コラム　正常原価は原価標準として適切か？☆

　標準原価計算で使用できるとされている原価標準には，実は，さまざまなものがあります。実績との比較を行い，業務の改善に役立てるためには，原価標準は「規範値」（こうであってほしいという原価水準）として機能する必要があります。しかし，実務では「正常原価」が原価標準として使用されることが

多いようです。正常原価とは，過去数年の原価実績の平均値です。これを使用するなら，厳密な原価標準を設定するために必要となる「時間研究」も「動作研究」も「課業」の分析も不要となるので，計算工数を減らすことができます。しかし，過去の実績と今期の実績を比較するだけでは，業務改善のヒントを得ることができません。さらに，製品寿命が短くなり，製品種類が爆発的に増加している現在，正常原価に規範性を求めることは事実上不可能になっています。標準原価計算による原価管理と業務改善を行いたいのであれば，正常原価ではなく，多大の努力が必要ですが，規範性のある原価標準を設定する必要があるでしょう。

事例 A　花　王

　花王では国内9工場に工場経理部門を設置し，直接標準原価計算にもとづき，原価管理や予算管理を行っている。具体的には，事業計画や生産計画にもとづいて，原材料費などの変動費は製品ごとに原価標準を設定し，月次で標準原価差異分析を実施するのに対し，労務費や償却費などの固定費は総額について月次で予実管理（予算と実績の差異にもとづく管理）を行っている。ここでいう花王の「標準原価管理」とは，この原価管理や予算管理とも結びついた直接標準原価計算のことである。なお，花王でも他の多くの日本企業と同様に，標準原価差異について，売上原価と期末棚卸資産に配賦するという会計処理をしている。

　花王では，原価検討会やTCR活動といった取組みを通じて，経理部門が工場メンバーなどの現場担当者と活発なコミュニケーションを行うことで，標準原価管理を有効活用できている。このようなコミュニケーションが可能な理由は，所属部門や入社年次を問わず，標準原価への理解が浸透し，共通言語・共通指針となっていることである。

　花王の標準原価管理では，毎年7月頃から10月頃にかけて次年度の変動費に関する原価標準や固定費の予算総額を設定する。固定費（花王の固定費はすべて固定製造間接費）予算の配賦の基礎となる各工場の正常生産能力もこの時点で設定される。工場の正常生産能力は，設備のメンテナンス時間を除いた運転可能時間と生産計画にもとづき計算される。

花王では通常，年度内に原価標準の改訂や固定費予算の修正を行うことはない。そして，2020年度のコロナ禍においてもその点は変わらなかった。原価標準の改訂や固定費予算の修正を行わなかった理由は，それらを変更してしまうと，差異の分析にあたって，何を目標とすべきかが分からないことである。固定費予算は各部門の行動計画の積み上げによって編成されたものであり，基本的にはその計画に従って業務を遂行することを前提としている。今年度のように，予算編成後に大きく経営環境が変化した場合は，各部門から「見込み」を数度集計することにより，予算との乖離を明確にすることができる。

コロナ禍において，標準原価差異分析には困難な点も多かった。通常，変動費の標準原価差異分析では，原材料の使用量といった数量差異の分析が中心となる。しかし，コロナ禍では経営環境が不透明になったため，原材料の市況価格の変化などによる価格差異の分析が特に難しくなった。なお，標準原価差異の会計処理は，2020年度も売上原価と期末棚卸資産に配賦している。

花王の標準原価管理では，差異分析の後，経理部門と現場担当者が活発なコミュニケーションを行うことで，原価差異の発生原因がコントロール可能か否かを判断する。そして，コントロール可能な要因は，コスト低減のための対策を検討し，コントロール不能な要因は，次期の標準原価に反映させていく。この差異分析後の対応は，経理部門と現場担当者のコミュニケーションの場である，原価検討会やTCR活動も含め，コロナ禍でも基本的には変わらなかった。

＊ケースの出所：企業会計（妹尾，2020年，第72巻第12号，pp. 21-22）
（注）　花王における標準原価管理のこれまでの実践については，吉田栄介・花王株式会社会計財務部門編（2020）『花王の経理パーソンになる』（中央経済社）に詳述されている。

事例 B　　白鳥製薬

　風邪薬などの成分の1つであるカフェイン。カフェインの工業製法を確立し，その量産化に国内で初めて成功したのが，原薬メーカーの白鳥製薬である。国内でカフェインの製造・販売でトップシェアを握る。とはいえ安泰ではない。低価格化の波はカフェインにも押し寄せ，海外の原薬メーカーが国内市場での存在感を高めている。「国内製薬メーカーの多くが，インドからの原薬調達をしている」と，同社の白鳥悟嗣専務取締役は打ち明ける。こうした事業環境のもと，同社はカフェイン

頼みの"1本足経営"からの脱却を進め，原薬の多品種化を進めている。

　生産・販売する製品の多様化によって，従来の収益管理のやり方が限界を迎えていた。製品ごとに売り上げや原価をみて，細かく分析できる業務プロセスとそれを反映したITシステムが必要になった。そこで白鳥専務が先頭に立ち，2011年12月，BPRプロジェクトに着手。ERP（統合業務基幹システム）パッケージの導入をてこに業務プロセスを刷新した。同社は，30年ほど使っていたオフコンベースの基幹系システムを撤廃した。

　約1億円を投じ，ERPパッケージで構築した新システムが稼働したのは2012年9月のこと。稼働直後の数カ月は現場で多少の混乱があったものの，それ以降は，原価管理や月次決算処理に必要なデータが現場で円滑に入力されるようになった。BPRプロジェクトの前は約20営業日をかけていた月次決算処理が，今では10営業日で完了する。

　新しい業務プロセスが現場に根付いたこともあり，今後は標準原価計算方式の採用に踏み切る。現在は，積み上げ方式で原価を計算しているが，これからは，あらかじめ目標となる原価を設定する。それを実際の原価と比較しながら，製品ごとにきめ細かく収益性を把握し，利益率の最大化を狙う。まずはカフェインなどの主力製品を対象に，標準原価計算方式で原価を緻密に管理する予定である。

　白鳥製薬が製品ごとの細かい原価管理にこだわる背景には，同社が輸入販売ビジネスを伸ばしていることもある。成長著しい海外の原薬メーカーから様々な原薬を低コストで輸入し，その品質をチェックしたうえで，国内製薬メーカーに供給するビジネスである。

　原薬の輸入販売ビジネスは，全体の売上高の2割を占めるまでになり，同社は今後も成長分野として見込む。だが課題がある。それは，自社製品の開発・販売事業に比べて利益率が低いこと。利益率を高めるために，緻密な原価管理が求められるわけだ。「取り扱い製品が多岐にわたるだけに，製品別に原価をできる限り正しく迅速に把握できなければ，利益率を高めることはできない」。白鳥専務はこう話す。

＊ケースの出所：日経情報ストラテジー（2013年11月号，pp.56-57）より一部を抜粋
（役職名は掲載当時のもの）

【その他の事例】

●新日本製鉄：日本金融新聞（1996年10月11日，18面），または加登・李（2011年，

pp. 240–241）

●ツインバード工業：日本経済新聞（1999年1月27日，地方経済面 新潟 22面），または加登・李（2011年，p.255）

■確認テスト

① 製品の製造にかかる原価は大きく3つに分けられる。これら3つの原価要素には，(1)直接材料費，(2)（　　　　　　　），(3)製造間接費が含まれる。

② 原価の標準を設定し，毎月，標準原価と実際発生した原価とを比較することで原価低減を図る原価管理の手法を（　　　　　　　　　）という。

③ 直接材料費差異をさらに2つの部分に分けると，（　　　　　）差異と（　　　　　）差異とに分けられる。

④ 製造間接費差異をさらに3つの部分に分けると，予算差異，（　　　　　）差異，操業度差異に分けられる。

⑤ 多品種少量生産が常態化し，さらに製品ライフサイクルが（　　　　　　）しつつある現在，せっかく苦労して作り上げた原価標準が有効である期間もまた短縮化しつつある。そのため，標準原価管理の意義は明らかに（　　　　　）したといえる。

■Exercises

標準原価計算制度を採用しているK社の次の資料をもとに，以下の問いに答えなさい。

標準原価	実際原価（8月）
直接材料費（150,000円）	直接材料費（182,000円）
標準消費量　300kg	実際消費量　350kg
標準単価　500円/kg	実際単価　520円/kg
直接労務費（135,000円）	直接労務費（152,000円）
標準作業時間　150時間	実際作業時間　160時間
標準賃率　900円/時間	実際賃率　950円/時間
製造間接費（150,000円）	製造間接費（173,000円）
標準作業時間　150時間	実際作業時間　160時間
標準配賦率　1,000円/時間	

（注）　基準操業度（月間）は170時間，製造間接費予算（月間）は170,000円である。

❶ 直接材料費差異（総差異），価格差異，数量差異を求めなさい。なお，各々の差異には有利差異か不利差異かを示すこと。

❷ 直接労務費差異（総差異），賃率差異，作業時間差異を求めなさい。なお，各々の差異には有利差異か不利差異かを示すこと。

❸ 製造間接費差異（総差異），予算差異，能率差異，操業度差異を求めなさい。ただし，製造間接費の差異分析は固定予算によること。

❹ 上記の原価差異分析の結果をもとに，原価低減のための対策を一つ挙げなさい。

❺ 標準原価計算による原価管理の意義が低下したといわれますが，その理由は何ですか。

❻ 【事例A：花王】において，同社の標準原価管理では，原価差異の発生原因がコントロール可能か否かによって差異分析後の対応はどのように分かれますか。

❼ 【事例B：白鳥製薬】において，同社が標準原価計算方式を採用し，製品ごとの細かい原価管理に力を入れようとするのはなぜですか。

【ケース④】の答え

（1）①直接材料費差異（総差異）：△365,000円（不利），②価格差異：△325,000円（不利），③数量差異：△40,000円（不利），④直接労務費差異（総差異）：△140,000円（不利），⑤賃率差異：△95,000円（不利），⑥作業時間差異：△45,000円（不利），⑦製造間接費差異（総差異）：△250,000円（不利）

（2）（解答の一例）

　価格差異が△325,000（不利）で差異全体の4割強を占めているので，まずは価格差異の原因を把握しその差異を解消することができれば，大幅な原価低減につながる可能性がある。そのための方策として，たとえば，仕入業者との価格交渉を徹底したり，場合によっては仕入業者を変更することなども選択肢として挙げられる。

第5章

在庫管理

○学習ポイント○

❶ 在庫管理コストについて考えます。

❷ 経済的発注量（EOQ）とは何かを学びます。

❸ EOQ と JIT 生産方式の違いを考察します。

ケース ⑤

◇ユタカ㈱のパソコン事業部では，現在，ディスプレイを自社生産せ
ず，外部の業者から仕入れています。それを自社工場で製造する本体
と組み合わせることによって，ワンセットの完成品として販売してい
ます。同社の向こう1年間の販売計画から導かれたディスプレイの年
間需要量等（**表A**）をもとに，最適な在庫計画を立てなさい。

表A　ディスプレイに関するデータ

年間需要量（D）	20,000個
1回当たり発注コスト（O）	5,000円
1個当たり年間保管コスト（C）	200円

⑴　総在庫管理コストを最小にする経済的発注量（EOQ）を求めなさ
い。

答え	

⑵　EOQ を前提に，年間発注回数を求めなさい。

答え	

⑶　最適な在庫計画（上記の EOQ）において，次の各コストを求めな
さい。

答え	□年間発注コスト：
	□年間保管コスト：
	□年間総在庫管理コスト：

(4) リードタイムが5日の場合，発注点の数量を求めなさい。すなわち，在庫の残りがあと何個になった時点で次の発注を行うべきですか。工場の稼働は年中無休と仮定します。

答え	

■**解説**

1 在庫管理はなぜ必要か

　企業と市場を結ぶ価値連鎖の架け橋は，主として「研究開発」「生産」「販売」といったライン職能からできています。このうち「生産」は，これまで常に注目の的になってきていましたが，それは，この「生産」段階において，製品が大量に製造され，製品の原価の大部分が発生するからです。そのため，「生産」段階における原価低減努力は目に見えるほどの大きな成果をもたらすのです。

　製品を生産するには原材料が必要ですが，それは在庫という形で工場内倉庫に保管されます。必要なときに倉庫から必要な量の材料を取り出していくわけですから，何としても在庫切れだけは避けなければなりません。在庫切れは即生産ラインの停止につながるからです。在庫切れを起こさないためには，在庫を余分に蓄えておけばよいのですが，在庫を倉庫内に備蓄しておくことによって在庫保管コストという費用が発生します。このコストは基本的に在庫量に比例して発生するわけですから，在庫保管コストを最小にするに

● 図表1　在庫管理コストの分類

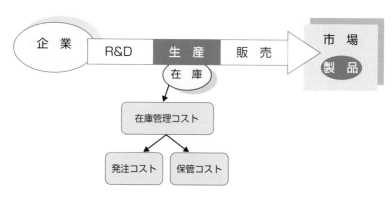

は在庫そのものをゼロに近づけていけばよいでしょう（**図表１**）。

　ただ，在庫を少なくしようとして１回当たりの発注量を少なくすると，発注回数を増やさなければならなくなります。ところが，発注にも発注コストという費用が伴うので，発注回数をむやみに増やすわけにもいきません。そこで，在庫切れを起こさず在庫管理コストを最小に抑えるための手法が求められます。その一つの方法として，経済的発注量（Economic Order Quantity：EOQ）モデルが挙げられます。その考え方について見ていきましょう。

2　経済的発注量とは何か

　年間で考えたとき，年間の原材料需要量が概ね確定しているとすると，工場の倉庫内にどれだけの在庫を備蓄するかの決定は，すなわち１回当たり何個の材料を年間で何回発注するかの決定に他なりません。この決定には，前述のように２つのコストが関わってきます。１回当たりの発注量を増やしていくと倉庫内には常に多めの在庫が備蓄されることになるわけですから，在庫保管コストは増えるでしょう。反面，年間の発注回数は減るわけですから，発注に伴う発注コストは年間で考えると減ることになります。保管コストと発注コストのこのようなトレードオフ関係は**図表２**のように表されます。**図表２**からは，１回当たりの発注量（X軸）が増えるほど，年間保管コストは増加し，年間発注コストは減少していく様子が分かります。発注コストと保管コストの合計は総在庫管理コストとなります。

　図表２からも分かるように，年間総在庫管理コストを最小にするには，年間発注コストと年間保管コストが等しくなる点（交差する点）に対応する発注量を１回当たりの発注量にすればよいでしょう。それを経済的発注量（EOQ）と呼んでいます。経済的発注量を毎回発注していけば，年間で総在庫管理コストは最小になるのです。

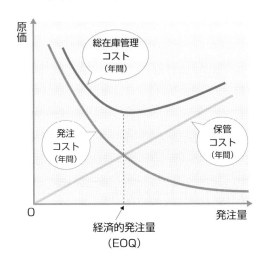

● 図表2　総在庫管理コストとEOQ

3　経済的発注量をどう決めるか

　それでは，この経済的発注量はどのように決められるのでしょうか。それ
を説明する前に，年間総在庫管理コストの式を立ててみましょう。前述のよ

● 図表3　在庫管理コストの計算式

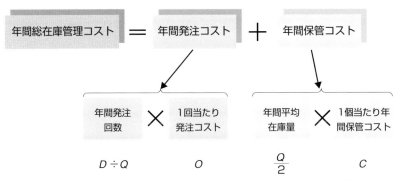

*年間需要量＝D，1回当たり発注量＝Q，1回当たり発注コスト＝O，1個当たり年間保管コスト＝C

うに，年間総在庫管理コストは年間発注コストに年間保管コストをプラスしたものですから，**図表3**の式が成り立ちます。後の計算を容易にするために，各項目には記号を割り当てることにしましょう。

1　年間発注コスト

まず，年間発注コストから見てみましょう。これは，年間発注回数に1回当たり発注コスト（ordering costs：O）を乗じて求めることができます。年間発注回数は，年間需要量（demand：D）を1回当たりの発注量（quantity：Q）で割って求めることができます。その回数に1回当たりの発注コストを掛けると年間発注コストの総額が計算できるわけです。

すなわち，年間発注コストの計算式は以下のようになります。

$$\boxed{\text{年間発注コスト}} = \frac{D}{Q}O$$

2　年間保管コスト

次に，年間保管コストを計算してみましょう。このコストは，年間平均在庫量 $\left(\dfrac{Q}{2}\right)$ に1個当たり年間保管コスト（carrying costs：C）を乗じることで計算できます。年間平均在庫量は，1回当たりの発注量の2分の1になっていますが，これは，納品時の在庫量は発注量に等しくなり，時の経過とともに消費され，ほぼ直線的に減少し，ついにはゼロになるため，その間の平均在庫量は発注量の2分の1になるからです（**図表4**）。

そこで，年間保管コストの総額は次の計算式で求められます。

$$\boxed{\text{年間保管コスト}} = \frac{Q}{2}C$$

● 図表4　平均在庫量の考え方

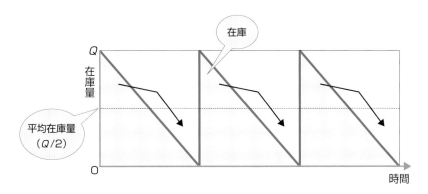

3　経済的発注量（EOQ）

　図表2から分かるように，年間発注コストと年間保管コストが等しくなる点（交差する点）の発注量が経済的にもっとも望ましい発注量となり，そのときに年間在庫管理コストの総額が最小になります。したがって，経済的発注量（EOQ）は，年間発注コストと年間保管コストをイコールにした次の等式から導き出すことができます。

年間発注コスト	＝	年間保管コスト

$$\frac{D}{Q}O = \frac{Q}{2}C$$

$$\Rightarrow \quad 2DO = Q^2C$$

$$\Rightarrow \quad \frac{2DO}{C} = Q^2$$

$$\Rightarrow \quad Q = \sqrt{\frac{2DO}{C}}$$

$$\Rightarrow \quad 経済的発注量（EOQ） = \sqrt{\frac{2 \times 年間需要量 \times 1回当たり発注コスト}{1個当たり年間保管コスト}}$$

　すなわち，経済的発注量は，年間発注コストと年間保管コストが等しくなるときに，「2×年間需要量×1回当たり発注コスト」を「1個当たり年間

保管コスト」で割って，それの平方根をとることによって求めることができます。

4　経済的発注量の計算

それでは実際に経済的発注量（EOQ）を求めてみましょう。冒頭のケース⑤の場合，3つの関連データ（下記）を用いて次のように経済的発注量を計算することができます。

	記　号	値
年間需要量	D	20,000個
1回当たり発注コスト	O	5,000円
1個当たり年間保管コスト	C	200円

まず，年間発注コストと年間保管コストをイコールにします。そして，各記号に該当する値を代入していきます。あとは，Q を求めればそれが答え（すなわち，EOQ）です。

年間発注コスト　＝　年間保管コスト

$$\frac{D}{Q}O = \frac{Q}{2}C$$

$$\Rightarrow \quad \frac{20{,}000}{Q} \times 5{,}000 = \frac{Q}{2} \times 200$$

$$\Rightarrow \quad 2 \times 20{,}000 \times 5{,}000 = Q^2 \times 200$$

$$\Rightarrow \quad \frac{2 \times 20{,}000 \times 5{,}000}{200} = Q^2$$

$$\Rightarrow \quad Q = \sqrt{\frac{2 \times 20{,}000 \times 5{,}000}{200}}$$

$$\Rightarrow \quad \text{EOQ} = 1{,}000$$

ケース⑤においては，1回当たりの発注量を1,000個とすることで，年間

発注コストは $\dfrac{D}{Q} \times O = \dfrac{20,000}{1,000} \times 5,000 = 100,000$ 円となり，年間保管コストも，$\dfrac{Q}{2} \times C = \dfrac{1,000}{2} \times 200 = 100,000$ 円となります。その結果，年間在庫管理コストの総額は，下記のように，年間発注コストと年間保管コストを合計し，200,000円となります。

年間総在庫管理コスト	＝	年間発注コスト	＋	年間保管コスト
（200,000円）		（100,000円）		（100,000円）

　このとき，年間発注回数は，1回当たりの経済的発注量が1,000個ですから，年間需要量（D）を1回当たり発注量（Q）で割って，$\dfrac{D}{Q} = \dfrac{20,000}{1,000} = 20$ 回ということになります。すなわち，概ね月1.7回程度の頻度（20回÷12カ月≒1.67回）で1回当たり1,000個を発注することが年間在庫管理コストの総額を最小に抑えられる最適在庫計画となるのです。また，発注した日から納品される日までの期間，すなわちリードタイムが分かれば，在庫がいくつになった時点で発注すべきか（すなわち，発注点）を決めることもできます。発注点は，年間需要量（D）を365日で割って1日の在庫所要量を計算した後，それにリードタイムを乗じて計算します（年中無休を仮定した場合）。

● 図表5　発注点の考え方

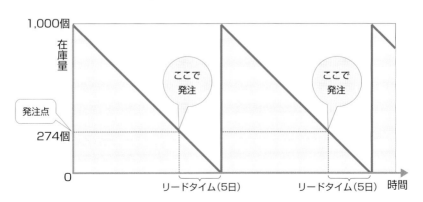

　図表5をご覧ください。いま仮にリードタイムが5日だとすると，発注点は，20,000個（年間需要量）÷365日×5日（リードタイム）≒273.97個となり，在庫の残りが274個になった時点で次の発注を行えばよいのです。すると，在庫がゼロになる直前になって，5日前に発注した1,000個が納品されることになります。もちろん，在庫切れを回避するために若干余分な在庫（これを，安全在庫という）を保有する必要がある場合には，発注点をその安全在庫の分だけ高く設定すればよいでしょう。

5　EOQ モデルと JIT モデル

　これまで考察してきた EOQ モデルの背後には，「年間総在庫管理コスト＝年間発注コスト＋年間保管コスト」という等式があります。等式の右側の発注コストと保管コストをいかにバランスさせて年間在庫管理コストの総額を最小にできるかが最大の関心事となっています。

　一方，JIT（Just-In-Time）生産方式では，「必要なものを必要なときに必要な量だけ」受け入れるというのが基本的なスタンスです。この思想を実現する方法として，トヨタではカンバン方式がとられています。カンバン方式は後工程引取方式といえます。すなわち，後工程は必要な時に必要な量だけ前工程からモノを引き取り，前工程では引き取られたモノについて後工程から指示された量だけ生産を行うことになります。このように，後工程で使った分だけ前工程に作らせるという連鎖を組むことで，工程間の仕掛在庫の最小化が図られるのです。これは結果的に年間保管コストの最小化につながります。さらに，JIT 生産方式を採用するための仕組みとして，サプライヤーとの間に緊密なパートナーシップを築いたり，コンピュータをベースにした情報ネットワーク・システムを活用して発注業務を行うなどして，発注コストの低減も図られています。

そもそも，EOQモデルとJITモデルは発想自体が異なります。前者は，発注コストと保管コストのトレードオフ関係を前提に，バッファーとしての適正在庫を容認する立場であるのに対し，後者は在庫を持たないことを最善とする立場です。JITモデルでは，多頻度少量発注にならざるをえませんが，近年の情報技術（IT）の進展は，こうしたJIT生産方式を実践する企業にとっては強い味方といえるでしょう。なお，JIT生産方式はトヨタ生産方式あるいはカンバン方式などと呼ばれることもあります。本章の【事例A：トヨタ自動車】においては，元祖トヨタ自動車のJIT生産方式が詳しく紹介されており，当該事例によって在庫を最小化する仕組みについての理解をさらに深められます。

事例 A　トヨタ自動車

　1兆8,783億円——2006年3月期連結決算でのトヨタ自動車の営業利益である。日産自動車，ホンダの2倍以上という，すさまじい数値だ。

　利益を上げるには，売上高を増やすか，経営効率を上げるかである。トヨタの場合，まず売り上げが5年前と比べて57%増と大きく伸びているのだが，同時に利益率も年々上昇している。2000年3月期に6.0%だった売上高営業利益率は，06年3月期には8.9%となり，いまや自動車メーカーでもトップクラスだ。

　この利益率アップは，商品開発や調達面でのコストダウン，販売管理費の低減など多面的な取り組みの成果だが，基本にあるのは徹底的な"ムダの排除"。「乾いたぞうきんを絞る」と評される，トヨタの企業文化そのものである。

　その具体的な方策の代表が，「カンバン方式」だ。

　自動車は，3万点もの部品の集合体である。もしも"見込み"で生産しようとすれば，膨大な量の部品ストックが必要となる。また，販売の"見込み"が狂って当初計画を下回り，部品を廃棄せねばならないようなことになれば，莫大なロスが発生してしまう。

　カンバン方式は，生産工程における，この部品（仕掛品）在庫を最小化する仕組みだ。「必要なものを，必要なときに，必要なだけ」調達する仕組みとも表現される。

　具体的な仕組みは以下のとおりだ。「カンバン」とは，部品名とその数量を記し

た札である。1日当たりの生産量に落とし込み，さらにそれを組み立てラインの各工程で使う小さなロットに分割した綿密な生産計画に従って，カンバンは準備される。このカンバンに基づき，ラインでの部品管理と，サプライヤー（部品メーカー）での部品生産が行なわれる。生産計画には消費者からの受注実績も反映され，"売れ筋"が変われば，カンバンの枚数を増減させることで部品の生産・調達量を柔軟に調整することができる。

カンバンは，部品の現物と必ずセットにされる。組み立てラインに部品箱が引き取られると，カンバンははずされ，所定の場所に置かれる。工場内物流の担当者は，このカンバンと空箱を持って次の部品を取りに行き，納入された部品箱に付いたカンバンとかけ替える。一方，サプライヤーはカンバンを自工場に持ち帰り，その指示に従って部品を生産し，カンバンとセットにして納入する。

つまりカンバンは，組み立て工程に対しては部品引き取り指示書，サプライヤーに対しては発注書・納入書としての役割を持っている。カンバンがなければ，ラインが部品を引き取ったり，サプライヤーが部品を作ったりすることはできない。ちなみに，実物は透明ケースに入れられた紙のシートだが，近年は電子化も進められている。

要は組み立てに"使ったぶんだけ"過不足なく確実に補充していくシステムだ。

その効果を如実に表しているのが，「棚卸資産回転率」（在庫回転率）だ。売上高（売上原価を使う場合もある）を棚卸資産（販売前の製品，部品，原材料などの在庫）の額で割ったもので，生産性の効率を見るのによく使われる指標である。この数値が高いほど，原材料購入→生産→販売というサイクルが速いことを示す。なお，棚卸資産額は貸借対照表に記されている。

会計期間の日数（1年なら365日）を棚卸資産回転率で割れば，仕入れた在庫が販売されて再び現金となるまでの平均日数を出すことができる。たとえば06年3月期のトヨタの棚卸資産回転率は約13倍，仕入れに投入された資金は，28日で売り上げに変わる計算になる。

棚卸資産回転率が高いということは，工場がそれだけ高効率で使われているということである。投入された資金が回収される期間は短くなり，資金繰りも楽になる。逆に低ければ，在庫として"寝ている"期間が長くなり，余分な資金の調達が必要ということだ。

下の表を見ればわかるとおり，トヨタの棚卸資産回転率は業界トップレベルを堅持し続けている。参考までに，他業種の例として日立製作所の数値も挙げた。製品

が違うので一概にはいえないが，他の製造業と比較しても，高効率なのがわかる。カンバン方式が考案されたのは1950年代にさかのぼり，今では同様の方式（ジャスト・イン・タイム生産システム）は，同業他社はもちろん，他業種にまで広く取り入れられている。表で取り上げた日産自動車やホンダの数値も決して低いわけではないが，"元祖"の面目躍如といったところだ。

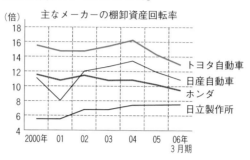

主なメーカーの棚卸資産回転率

＊ケースの出所：週刊ダイヤモンド（2007年3月3日号，pp.52-53）

事例B　亀田製菓

　亀田製菓は，米菓の生産・物流過程を情報技術（IT）を使って合理化する。米菓材料や包材などの仕入れ発注をインターネット経由で自動的に行ったり，本社工場内に現在建設中の物流センターにコンピューターなどの情報機器を配備して，在庫管理や配送などの作業を効率化する。こうしたITによるコスト削減で収益体質の改善を急ぐ方針だ。

　資材の調達では，米菓の主要調味料であるしょうゆについて大手しょうゆメーカーとの間で在庫確認から仕入れ先発注まで自動化するシステムを導入する方向で調整している。具体的には，しょうゆタンクにセンサーを取り付けて目盛りの変化を感知させ，その情報を衛星回線に載せてインターネット経由でしょうゆメーカーに送信する。これにより，これまで毎日実施していたしょうゆタンクの内容量の棚卸し作業などが不要になり，在庫確認から仕入れ先発注にかかっていた人件費などのコストを削減できる。他の原材料についても同様の手法が取れないか点検する。

　製品の包材については，これまでの，各工場ごとに発注数量を入力し，本社のチェックを経てメーカーに発注するやり方を見直す。段ボールメーカーなどと双方の

イントラネットを接続して共有サーバーを構築，同サーバーを通して生産量などの
データから自動的に資材を発注する方法を検討している。

　亀田町の本社工場に隣接して建設を進めている新物流センターには，賞味期限別
に在庫管理できるバーコード管理システムのほか，出荷頻度に応じた保管エリアの
指示などを出す在庫ロケーション管理システムや商品の積み込み作業を合理化する
ピッキングルート指示システムなどを導入。昨年10月から卸業者などと結んで導入
したサプライチェーン・マネジメント（SCM）と連動させながら，鮮度向上や流
通在庫の削減などを目指す。

＊ケースの出所：日本経済新聞（2000年8月3日，地方経済面22面）

■確認テスト

① 在庫管理に伴う総在庫管理コストは，発注コストと（　　　　　　　　）からな
る。

② 年間総在庫管理コストが最小となる発注量を（　　　　　　　）発注量といい，
英語の頭文字をとって（　　　　　　）と表す。

③ 毎回30,000個ずつ部品を発注している企業の場合，1年間の部品の平均在庫量
は（　　　　　）個である。

④ 発注した材料や部品が納品されるまでにかかる期間を（　　　　　　　）と
いう。

⑤ 在庫切れを回避するために保有する若干余分な在庫のことを（　　　　　　）
という。

■Exercises

　W社の次の資料をもとに，下記の問いに答えなさい。

年間需要量（D）	120,000個
1回当たり発注コスト（O）	5,000円
1個当たり年間保管コスト（C）	12円

❶ 年間の総在庫管理コストを最小にする経済的発注量（EOQ）を求めなさい。

❷ EOQを前提に，年間発注回数を求めなさい。

❸ 最適な在庫計画（すなわち，上記の EOQ）において，次の各コストを求めなさい。

年間発注コスト　　　　**年間保管コスト**　　　　**年間総在庫管理コスト**

❹ リードタイムが7日の場合，在庫の残りがあと何個になった時点で次の発注を行うべきですか。ただし，工場の稼働は年中無休と仮定する。（ヒント：発注点）

❺ 【事例A：トヨタ自動車】をもとに，カンバン方式の仕組みを簡単に説明しなさい。

❻ 【事例B：亀田製菓】において，情報技術（IT）の活用により発注コストと保管コストはどう変わるでしょうか。また，それはなぜですか。

【ケース⑤】の答え

（1）1,000個

（2）20回

（3）年間発注コスト：100,000円，年間保管コスト：100,000円，年間総在庫管理コスト：200,000円

（4）274個

第6章

業績評価

●学習ポイント●

❶ 業績評価とは何かを学びます。

❷ 業績評価基準の多様性について考察します。

❸ 業績評価の効果について考えます。

ケース ⑥

◇パソコン・メーカーとしてスタートしたユタカ㈱も，その後利益が
順調に伸び，いまや大企業に成長しています。その間，製品ラインも，
主力のパソコンに加え，家電，ソフトウェアの3つに増え，組織構造
も職能別組織から事業部制組織へと変わっています。各事業部の直近
1年間の業績データは以下のとおりです。

〈資料〉

（資本コスト率＝10%，単位：億円）

	家電事業部	パソコン事業部	ソフトウェア事業部
売上高	3,000	2,000	1,000
費用	2,300	1,400	900
利益	700	600	100
使用資本	4,000	3,200	500

(1) 売上高利益率を業績評価基準にした場合，どの事業部の業績がもっ
とも良いといえますか。

答え	

(2) 投資利益率（ROI）を業績評価基準にすると，最優良事業部はどれ
になりますか。

答え	

(3) 残余利益（RI）を業績評価基準にした場合，最優良事業部はどれで
すか。

答え	

1　業績評価とは何か

　大学の入試制度にはユニークなものがいろいろと見受けられますが，某大
学の「高得点2科目方式」や「高得点セレクト方式」もそのうちに含まれま
す。いま仮に，田中君，木村君，仲原さんの3人が1つの合格枠を狙ってい
るとしましょう。3人の国語・英語・数学の入試成績が下記のとおりである
とすると，大学としてはどの学生を合格させることになるでしょうか。

	田中君	木村君	仲原さん
国語	90	70	20
英語	60	70	100
数学	55	70	70

　どの学生の成績がベストかを決める基準として，もっとも分かりやすい基
準は単純に3科目合計点で評価する方法でしょう。ただ，前述のように，評
価基準として「高得点2科目方式」や「高得点セレクト方式」を採用する場
合も見受けられます。高得点2科目方式とは，3科目のうち得点の高い2科
目の成績で評価する方法（200点満点）で，高得点セレクト方式とは，国語と
英語の2科目のみを評価対象とし，2科目のうちより点数の高いほうの配点
を倍にし，他科目の点数を加えるというものです（300点満点）。以上の3つ
の評価基準ごとに合計点を算出してみると次のようになります。

	田中君	木村君	仲原さん
3科目合計	205	⟨210⟩	190
高得点2科目方式	150	140	⟨170⟩
高得点セレクト方式　(国英)	⟨240⟩	210	220

　3科目合計では木村君，高得点2科目方式では仲原さん，高得点セレクト

方式では田中君の成績がベストであることが分かります。同じ入試結果をもとに，どのような評価基準を適用するかによって成績優秀者の判定は変わってくるのです。そのため，大学がどの評価基準を採用するかによって，合格者も異なってくるでしょう。

　企業においても，こうした成績評価は行われています。上司が部下の成績を評価するわけです。ただ，企業では，「成績」の代わりに「業績」という言葉を使います。大学が入試受験生の成績を評価するように，企業の上司は部下の業績を評価するのです。企業では，こうした業績評価の結果を部下の給料やボーナス（あるいは昇進）に反映させているケースも珍しくありません。そのため，部下からすれば，自分の業績がどう評価されるかということは最大の関心事となります。そこで，企業はこの業績評価の制度をうまく運営することによって部下のやる気を起こさせ，企業全体の業績を高い水準に保とうとするのです。

2　業績評価の意義

　業績評価をボーナスや昇進など（インセンティブ）とリンクさせることによって部下のやる気（モチベーション）を高めることができます。業績評価を行い，頑張って良い業績をあげた部下にボーナスを多めに支払ったり，悪い業績を残した部下には減給処分を行ったりして部下にやる気を起こさせます。前者は「プラスのインセンティブ」（アメ），後者は「マイナスのインセンティブ」（ムチ）といえますが，こうしたアメとムチをいかにうまく使い分けるかによって部下のやる気が左右されるのです。

　というのは，良い業績を出して「アメ」をもらった部下は次回もまた頑張ろうと思うだろうし，業績が悪くて「ムチ」が与えられた部下は十分その痛さが分かるはずだから，次回からは真剣に頑張らないといけないと思い，や

る気を出すと考えるのです（**図表1**）。要するに，「アメ」でも「ムチ」でも，結果的にはモチベーション向上をもたらすといえます。

● 図表1　業績評価とインセンティブ

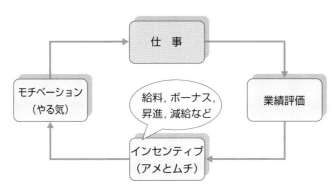

ただし，「アメ」と「ムチ」がやる気を高めるモチベーション機能を果たすためには，そのベースとなる業績評価が客観的で公正でなければなりません。自分は一生懸命頑張ったのになぜ「ムチ」なんだとか，逆にあまり頑張ったつもりはないけどなぜか「アメ」がもらえた，とかになると，その企業の業績評価の方法には問題があります。貢献した分だけがきちんと評価されるような，誰からも納得されるような業績評価の方法が望ましいのです。その一つの解決策として，企業は自社における業績評価の基準を，評価される立場にいる部下に事前に公表することが考えられます。これは，大学で科目担当教員が自分の科目の成績評価基準を事前に公表するのと基本的には同じです。評価基準を事前に明らかにしておくことで，評価自体が公正にさえ行われれば，少なくとも評価される部下の不満はなくなるはずだからです。

3　職能別組織と事業部制組織

実務において，代表的な組織構造のタイプとして，職能別組織と事業部制

組織があることはすでにお分かりだと思います。前者は，職能ごと（R&D,
生産，販売など）に部門を設定している組織のことであり，後者は事業部ご
とに部門を設定している組織のことです。職能別組織の場合は，**図表2**に見
るように，企業全体が1つのプロフィットセンター（profit center）を成して
います。ここでプロフィットセンターとは，売上高と費用の両方に責任をも
つ，「売上高－費用＝利益」が計算できる最小の事業単位のことです。利益
責任単位とも呼ばれています。

● 図表2　職能別組織

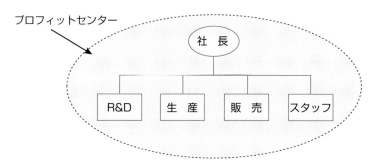

一方，事業部制組織の場合は，職能別組織に比べより複雑な構造となって
います。**図表3**は，家電事業部，パソコン事業部，ソフトウェア事業部の3
つの事業部を抱える事業部制組織の組織図です。各事業部はそれぞれ自らの
売上高と費用を発生させているので，利益責任を負うプロフィットセンター
となっています。したがって，**図表3**の組織は，1つの企業が3つのプロフ
ィットセンターにより構成されているといえるでしょう。

4　事業部の業績評価

業績の評価基準が何かによって誰が優秀な部下と判断されるかが変わって
きます。その結果，部下は自分の行動をその業績評価基準に合わせようとす

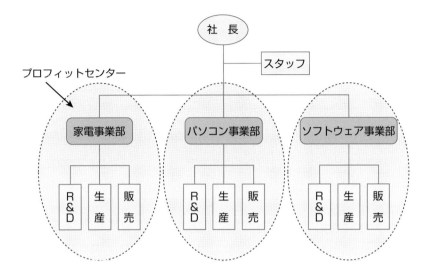

● 図表3　事業部制組織

プロフィットセンター

社　長

スタッフ

家電事業部　　　　パソコン事業部　　　ソフトウェア事業部

R&D　生産　販売　　R&D　生産　販売　　R&D　生産　販売

る傾向がおのずと表れます。業績評価システムの構築にあたっては，こうした行動科学的な側面を真剣に考慮しなければなりません。それでは，事業部別にビジネスを営む事業部制組織を例に，この点についてもう少し深く考えてみましょう。

　ケース⑥のユタカ㈱においては，家電事業部，パソコン事業部，ソフトウェア事業部の売上高，費用，利益，使用資本がおのおの**図表4**のとおりとなっています。

　まず，家電事業部は，4,000（億円）の資本を使って3,000（億円）の売上高をあげています。そこから各種の費用を差し引いて，最終的に700（億円）の利益を出しています。同様に，パソコン事業部とソフトウェア事業部もそれぞれ600（億円）と100（億円）の利益を出しています。

　それでは，トップマネジメントは事業部（あるいは事業部長）の業績をどのように評価しているのでしょうか。前述のように，大学入試における成績評価の場合には，国語・英語・数学の3科目合計点で評価する方法もあれば，高得点2科目のみの合計点で評価する方法や，高得点の科目の配点を倍にし

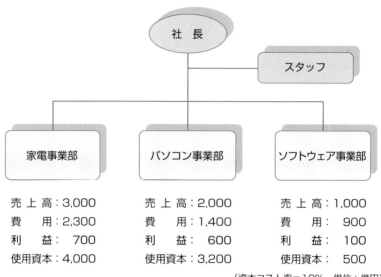

● 図表4　事業部制組織における業績評価

（資本コスト率＝10％，単位：億円）

て評価する方法もあります。いずれの方法をとるのかによって，合格者が異なってくることをすでに説明しました。企業の場合も同様に，さまざまな業績評価基準が考えられ，その中からどれを選ぶかによって事業部の評価が変わってくるのです。

　ここでは，事業部の業績評価基準としてよく使用されている代表的な4つの指標を取り上げ，事業部の業績評価について考えてみましょう。これら4つの指標には，①利益（額），②売上高利益率（＝利益／売上高），③投資利益率（＝利益／使用資本），そして④残余利益（＝利益－使用資本×資本コスト率）が含まれます。残余利益（Residual Income：RI）は，調達した資金（つまり，使用資本）にかかるコスト（ケース⑥の場合，資本コスト率は10％）を支払った後にどの程度の利益が残っているかを評価する指標なので，残余利益がマイナスである限り，事業活動としては合格とはいえません。

　ケース⑥のユタカ㈱においては，業績評価基準が利益額の場合，家電事業部がもっとも業績が良いと評価され，売上高利益率の場合はパソコン事業

● 図表5　業績評価基準と最優良事業部の判定

	家電事業部	パソコン事業部	ソフトウェア事業部	最優良事業部
利益額	700億円	600億円	100億円	家　電
売上高利益率	23.3%*	30%	10%	パソコン
投資利益率	17.5%**	18.8%	20%	ソフトウェア
残余利益	300***	280	50	家　電

*（700÷3,000）×100≒23.3%　　**（700÷4,000）×100≒17.5%　　***700－（4,000×0.1）＝300

部が最優良事業部と評価されます（**図表5**）。また，業績評価基準が投資利益率（Return on Investment：ROI）の場合はソフトウェア事業部が最優良事業部と評価されますが，残余利益（RI）の場合は家電事業部が最優良事業部となります。実際の業績は同じなのに，どんな指標で業績を評価するかによって最優良事業部が変わってくるのです。トップがどんな指標で事業部を評価するかを事前に公表しておくことが重要であるゆえんです。

　トップの選択する業績評価の基準は，別の見方をすると，トップが何を重視しているかというメッセージを発信することでもあるのです。なぜなら，事業部長は，良い評価を得るためにトップが提示した業績評価基準に自らの行動を合わせようとするからです。そのため，業績評価システムは慎重に構築されなければなりません。業績評価システムによって，事業部長の経営行動を正しい方向に誘導し，企業の長期的な成長が確保できればそれがベストでしょう。

　もっとも，一企業の業績評価指標が一つである必要はありません。むしろ，現実的には複数の業績評価指標が同時に用いられることがより一般的ですが，ただその際にも，どの評価指標がどの程度の重要性を持つのかという，評価指標の重みづけを明確にしておかなければなりません。

☆コラム　影響システムとしての管理会計の利用☆

　すべての管理会計システム（コストマネジメントも含む）には，情報システムとしての機能と影響システムとしての機能という2つの機能があります（伊丹・青木（2016），pp.223-224）。情報システムとは，管理者としてのあるべき行動を決めるために経営現場から必要な情報を収集するために必要なシステムです。業績評価についていえば，情報システムとしての管理会計システムとは，業績評価対象者に達成すべきものとして与えられた目標値に対して実績値がどうだったか，実績値は目標を達成していたか，あるいは，未達であったか，さらに，目標と実績との差額はいくらであるかを示すものです。これらの情報に基づいて，管理者は評価対象者の業績評価を行うことができるのです。

　一方，人は測定され評価されることによって「自分の日々の努力のパターンを変える（同書，p.29）」，すなわち行動変容を引き起こすことに着目して管理会計システムを利用する場合，影響システムとしてシステムを使用していることを意味します。業績評価を一定のルールで実施することを対象者に伝達し，目標値の達成の如何によってボーナスが決定したり，昇進のチャンスが得られることを明示すれば，対象者は活動の成果が測定され評価されることを知ったうえで行動するようになるでしょう。

　このように，業績評価システムは，情報システムとしての側面と，影響システムとしての機能を併せ持つものとなっています。

事例 A　　日本航空

　日本航空が連結決算時代に対応してグループ企業の強化を急いでいる。その施策の柱となるのが子会社などを対象にした業績評価制度だ。航空事業関連型，多角化型など業態に合わせて評価基準を設定し，目標の達成度合いに応じて社長をはじめ役員を査定して報酬に反映させる仕組み。グループ企業群の業績は上向き始めており，同制度が奏功した格好だ。同社は今年度から制度を一段と充実し，連結収益の向上を目指す。

　6月上旬，東京・東品川にある日航本社24階の役員フロアでは，兼子勲社長が関連事業担当者らと頻繁に膝（ひざ）をつきあわせていた。グループ企業の社長らの

報酬を決める会議のためだ。この会議での結果を6月末の株主総会までに各社の社長に伝える。子会社や関連会社のトップにとっては，1年で最も緊張する時期だ。

日航がグループ企業への業績評価制度を導入したのは97年度。主要70社を選び，会社の業態別に「委託・分社型」「多角型」「中間型」の3つに大別し，それぞれの分類ごとに評価基準を設定した。「委託・分社型」は空港業務や整備など航空付帯事業を主な事業にしている企業で，生産性などが評価基準。「多角型」はホテルなどで，売上高利益率などが指標になった。「中間型」は両者の中間に位置する企業で，評価基準も双方の要素を取り入れた。この評価基準に沿って目標達成度をチェックし，社長らの報酬に反映させる。各分類ごとに達成度の上位20%，下位10%の企業を決め，年間報酬で3～5%の格差をつけた。つまり相対評価だ。

「グループ企業のトップにとって，一つのインセンティブ（動機付け）になっている。各社とも以前より真剣に経営に取り組むようになった」。日航の広池君夫関連事業室企画業務部長はこう強調する。制度の趣旨にのっとって，「グループ企業の社長の座を降りざるを得なくなったケースもある」（広池氏）といい，各社長とも真剣にならざるを得ない。

同制度の効果は数字の上にも表れつつある。日航単体では2000年3月期に56億円あまりの最終損失となったが，連結ベースでは約197億円の最終黒字を計上した。セグメント別で見ても，全部門で営業黒字になるなどグループ企業分の貢献が目立つ。

日航は98年3月期，海外ホテル事業の失敗などで積み上がったグループの累積損失を一掃するため，資本準備金など1,500億円超の内部留保を取り崩すという荒療治に踏み切った。当時の会長，社長が引責辞任し，兼子氏が後継社長に起用された経緯があるが，兼子氏にとって日航本体のリストラと並び，グループ経営の立て直しが緊急課題になっている。日航は分社化の促進でグループを再編しようとしている。しかし，分社化は本体のスリム化やコスト削減といった利点の一方で，グループ全体の戦略が徹底できなくなる危険性もはらむ。このため「業績評価制度により，本体のガバナビリティー（統治）をいかに確保するかが重要だ」（広池氏）。

かつては本体からの人材受け入れ的な存在だったグループ会社群だが，航空分野で進む世界的な競争がこうした状況を許さなくなった。日航は2000年度から3年間でグループの地上職の10%に相当する3,000人程度を削減する計画。規模面での効率化と合わせ，業績評価制度の強化で仕事の質の向上を目指す取り組みが続く。

＊ケースの出所：日経産業新聞（2000年6月23日，22面）

事例B　資生堂

　資生堂は，美容部員のビューティーコンサルタント（BC）の業績評価基準を一新する。売り上げを基準にしたものから顧客からの評価に切り替えるもので，06年度から全国のすべての支社で実施する。店頭における企業価値を高めるためには，顧客志向のマーケティング改革が必要との判断にもとづく措置。同社ではBCの評価基準の変革は「ヒト，モノ，カネに加え顧客を企業活動の資産にする」（前田新造社長）ための施策に位置付けている。

　資生堂がBCを評価する基準は現在，売り上げに重点を置いている。この方法では，顧客の満足度や意向などが反映されにくい。資生堂は「100％お客様志向の会社になる」（同）との方針を具体化するためには，評価法を抜本的に変えることで，化粧品販売の最先端にいるBCの意識を変革する必要があると判断したものとみられる。

　計画では，BCの対応などについて記入するカードを顧客に渡し，記入した顧客はカードを投函する。本社はアンケートの集計資料を各事業所に送付してBCのウイークポイントの改善などに役立てる。同時に顧客の満足度をBCの業績評価に反映する。

　資生堂は05年下期から同方式を20の支社で先行して導入。06年度からは全国のすべての支社で導入し，業績重視から顧客の意思を反映したBCの業績評価システムに転換する計画だ。同社は全国に「約1万人のBCを擁している」（同）という。「BCが一日一人の顧客にカードを配布してフィードバックしてもらうだけで，年間365万の顧客の評価が得られる」（同）としており，このデータは企業活動の重要な資産にも位置付けられる。

＊ケースの出所：化学工業日報（2005年11月2日，5面）

【その他の事例】
● パナソニック電工：日本経済新聞（2003年5月17日，朝刊9面），または加登・李（2011年，p.227）

■確認テスト

① 売上高と費用の両方に責任をもつ,「売上高－費用＝利益」が計算できる最小の事業単位のことを,利益責任単位あるいは（　　　　　　　　　　　　　）という。

② 代表的な組織構造のタイプとしては,職能ごとに部門を設定する職能別組織と,事業部ごとに部門を設定する（　　　　　　　　　　　）組織がある。

③ 業績評価を行い,その結果にもとづいて部下に（　　　　　　　　　　　）を与えることで,部下のモチベーション（やる気）を高められる。

④ 良い評価を得るために,部下は自分の（　　　　　）を業績評価基準に合わせようとする傾向がある。

⑤ 事業部の業績評価基準（指標）としては,(1)利益額,(2)（　　　　　　　　　）,(3)投資利益率,(4)残余利益が代表的である。

■Exercises

事業部制組織をとっている K 社の今年度の損益計算書は以下のとおりです。

（単位：億円）

	カメラ事業部	テレビ事業部	ソフトウェア事業部
売上高	1,000	5,000	3,000
費　用：			
事業部固有費	600	4,000	2,300
共通費配賦額	100	500	300
利　益	300	500	400
使用資本	900	4,000	1,000

（注）　資本コスト率は10%。

❶ 各事業部の売上高利益率を求めなさい。

	カメラ事業部	テレビ事業部	ソフトウェア事業部
売上高利益率			

❷ 各事業部の投資利益率（ROI）を求めなさい。

	カメラ事業部	テレビ事業部	ソフトウェア事業部
ROI			

❸ 各事業部の残余利益（RI）を求めなさい。

	カメラ事業部	テレビ事業部	ソフトウェア事業部
RI			

❹ 事業部業績評価の基準（指標）として，売上高利益率を採用する場合，ROI を採用する場合，RI を採用する場合のそれぞれにおいて，最優良事業部と評価される事業部はどれですか。

	最優良事業部
売上高利益率	
ROI	
RI	

❺ 【事例A：日本航空】において，⑴同社は3つの業態別におのおのどのような業績評価基準を設けましたか。また，⑵各業態別にどのようなインセンティブを与えましたか。

❻ 【事例B：資生堂】において，⑴同社の現在の業績評価基準にはどのような問題点がありますか。また，⑵同社は業績評価基準を一新することによってどのような効果を期待していますか。

【ケース】⑥の答え
（1） パソコン事業部
（2） ソフトウェア事業部
（3） 家電事業部

戦略的プラニング志向の
コストマネジメント

戦略的コントロール
・ABC／ABM
・品質コストマネジメント
・制約条件の理論

戦略的プラニング
・原価企画
・環境コストマネジメント
・ライフサイクル・コスティング
・価格決定
・バランス・スコアカード

**COST
MANAGEMENT**

管理的コントロール
・業績評価
・在庫管理

管理的プラニング
・CVP分析

原価企画

ケース⑦

◇ユタカ㈱の家電事業部では，ロボット掃除機を新たに開発し，来年
 4月に市場投入する計画を立てています。新たに開発する2つのモデ
 ルは，商品企画・開発設計段階から原価企画チームによる原価低減を
 図っていくことにしています。

表A　新製品に関するデータ（1台当たり）

（単位：円）

	バリボ01	バリボ02	備　考
予想販売価格（A）	70,000	90,000	←市場調査による
目標利益（B）	14,000	18,000	←中長期利益計画から（20％）
目標原価（C）	（　　）	（　　）	C＝A－B
成行原価（D）	62,000	80,000	←現状で達成可能な原価
低減対象原価（E）	（　　）	（　　）	E＝D－C

⑴　両モデルの目標原価（C）を求めなさい（控除法による）。

答え　□バリボ01：　　　　　　□バリボ02：

⑵　両モデルの低減対象原価（E）を求めなさい。

答え　□バリボ01：　　　　　　□バリボ02：

⑶　開発された両モデルの目標原価が設計・製造段階で達成され，予定
 とおり市場投入された場合，両モデルから得られる実際の利益はいく
 らになりますか。ただし，市場での実際販売価格は製品開発時に想定
 していた予想販売価格（A）とおりであったと仮定する。

答え　□バリボ01：　　　　　　□バリボ02：

1　原価企画とは何か

　製品の設計図面ができあがれば，もはやその製品の原価は8割～9割程度決まってしまうといわれます。設計図面ができあがったということは，製品コンセプト，製品のデザイン，構成部品，材料，組立方式，機能レベル，信頼性の水準等が確定したということを意味するからです。ということは，少なくとも理論的には，設計図面完成後にいくら原価低減の努力を行ってもせいぜい1割～2割程度の原価しか削減できないということになります。いかに設計図面作成以前の源流段階での原価低減努力が重要であるかが分かります。

　新製品開発にあたっては，設計やそれ以前の商品企画の段階から，研究開発，購買，生産，販売，マーケティング，経理といった諸職能部門の担当者が部門を越えたチーム（クロスファンクショナル・チーム）を構成し，各職能の立場から，いかにして原価の削減と利益目標の達成を確保できる製品を企画・開発できるかを検討することになります。どんな製品が売れるのか，こんな製品ならいくらで売れるのか，作りやすい製品にするにはどうすべきか，当該製品から期待される利益目標を達成するには原価をどこまで抑えないといけないのか，などを同時に考慮しながら，最適解をみんなで検討していくのです。

　こうした一連のプロセスのアウトプットは設計図面という形で実を結びます。複数の職能部門の担当者からなる職能横断的なチーム内で十分な検討を経て完成した設計図面は，ある意味では各職能部門の合意の集大成といえるものなので，その後の生産・販売段階におけるスムーズな展開をかなりの程度保証するといってもよいでしょう。

2　原価企画と従来の原価管理手法との相違

　従来の原価管理手法といえば，標準原価管理（第4章参照）がもっとも代表的といえます。標準原価管理は，主として生産段階での原価管理手法です。**図表1**をご覧ください。企業と市場の間には太い矢印で表される橋が架かっています。その架け橋は，研究開発（R&D），生産，販売といった企業のライン職能からなっており，いわゆる価値連鎖と呼ばれるものです。

● 図表1　標準原価計算による原価管理

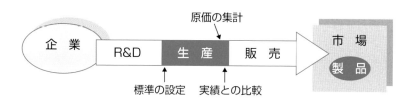

　さて，標準原価計算による原価管理においては，既述のように生産段階に焦点が置かれていました。標準的な条件の下で生産を行えば原価はいくらでないといけないのかをあらかじめ決定し（原価標準と標準原価の設定），それを目標に実際の生産を行い，事後的に集計された実際の原価が目標として設定しておいた標準原価とどの程度ギャップがあるのかをチェックするわけです。標準原価と実際原価の差，それが標準原価差異と呼ばれるものであり，その差異をもたらした原因を探ることで，それ以降の生産過程において実際の原価を標準原価に近づけようと努力することになります。その結果，製造原価が低減できるわけです。

　しかし，こうした標準原価計算による原価管理は，あくまでも生産段階での活動ですから，自ずと原価低減の余地は限られてしまいます。というのは，先ほど述べたとおり，設計図面ができあがれば原価の8割～9割程度がすでに決まってしまうからです。ですから，設計図面を所与とした原価低減活動

には限界があるといえます。

　一方，原価企画による原価管理・利益計画においては，**図表2**に見るように，量産に入る前のR&D段階に焦点が置かれます。生産段階で発生した実際の原価を事後的に集計するのではなく，製品開発のより源流段階で事前に原価を作り込むことで，より効果的なコストマネジメントを行おうとするのです。

● 図表2　原価企画による原価管理

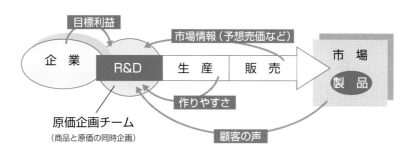

　そこで，各職能部門の担当者からなる原価企画チーム（クロスファンクショナル・チーム）は商品企画やR&D段階から協働することになります。そして，各部門の意見を反映しつつ，利益目標を達成できる目標原価をはじき出し，それをクリアするための方策を検討します。消費者はどんな製品を欲しているのか，その売価はいくらまでなら市場で受け入れられるか（予想売価），当該製品から期待される利益の目標はいくらか（目標利益），などが明らかになれば，下記の式により，予想売価から目標利益を差し引くことで目標原価が求められます。このような目標原価の求め方は，控除法といわれます。ただし，実務では予想売価から目標利益を差し引いたものを許容原価と呼び，成行原価（現状で達成可能な原価）と許容原価の擦り合わせによって両原価の間のどこかで目標原価を設定する折衷法と呼ばれる方法も実践されています。

予想販売価格　－　目標利益　＝　目標原価

　ポイントとなるのは，この目標原価をいかに設計図面上で作り込んでいくかという点です。目標原価の作り込みに成功し，目標原価で製品を作ることができれば目標利益は自ずと確保されることでしょう。その意味では，原価企画は同時に利益企画でもあるのです。

3　原価企画による原価の作り込み

　ここで，もう一度価値連鎖の図に戻って，原価・利益・販売価格の関係について考えてみましょう。次の**図表3**は従来型の考え方です。生産が終わった段階で事後的に原価を集計し，それにいくらかの利益を上乗せした金額を販売価格とするというものです。

● 図表3　従来型の考え方

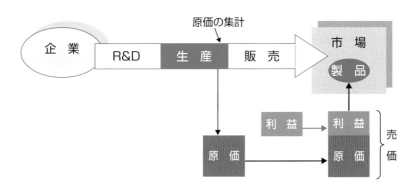

　一方，**図表4**は原価企画の考え方で，まずは顧客ニーズや予想売価といった市場情報の収集・分析からスタートします。原価企画がマーケット・イン志向であるといわれるゆえんです。最初に，当該製品を開発し市場に投入したときにいくらの売値がつくかを競争条件等も考慮に入れながら予測します（予想売価）。そこから，全社的な利益計画の結果として当該製品から期待される利益の目標（目標利益）を差し引くと，その差額が達成すべき目標原価

となるのです（控除法の場合）。この目標原価を作り込んだ設計図面を描くことが原価企画チームの使命となります。そのためには，サプライヤーとの協働を図ったり，優れた工程設計を行ったりすることも必要となってきます。

● 図表4　原価企画の考え方

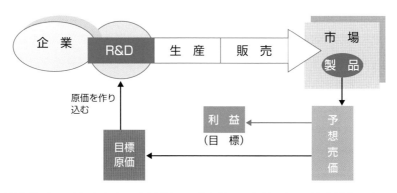

図表5は，予想売価と目標利益，目標原価，成行原価，低減対象原価のイメージを図式化したものです。原価企画活動により低減すべき原価は，成行

● 図表5　控除法による目標原価の算定

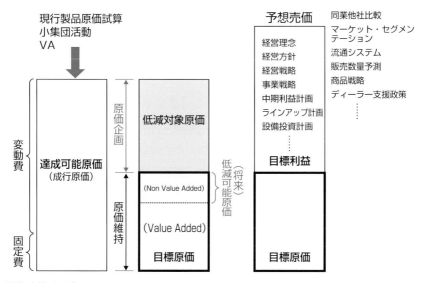

出所：加登（1993），p.122

原価企画による原価の作り込み

原価（現状で達成可能な原価）と目標原価の差額であることが分かります。

　もっとも，「予想販売価格−目標利益＝目標原価」で求められる目標原価を達成することは容易なことではありません。そのためには，あらゆる原価改善アイデアを検討しなければなりません。仮に部品点数を10％減らすと原価はどこまで低減可能か，材質を変更したらどうか，工数を削減できる設計にしたら原価はどの程度減るのか，他の製品シリーズとの間で部品や設備を共有・共用化することは可能なのか，過剰な機能や過剰な品質になっていないか，などなど，あらゆる側面を価値工学（Value Engineering：VE）などの手法を使って検討していくことになります。

　VEとは，製品やサービスの「価値」を，それが果たすべき「機能」とのためにかける「原価」との関係で把握し，システム化された手順によって「価値」の向上を図る手法です（日本VE協会の定義）。VEでは，「価値＝$\frac{機能}{原価}$」の関係がベースとなっているので，たとえば，同じ機能のものを安い原価で手に入れたり，同じ原価でより優れた機能を持ったものを手に入れたり，あるいは，より優れた機能を果たすものをより安い原価で手に入れることができれば価値の向上が実現することになります。そのため，製品の機能を落とすことで原価低減を図る，いわゆる「はぎ取り原価低減」はVEや原価企画においては論外といえます。

　図表6は原価改善のプロセスを単純化し，概念的に捉えたものです。低減対象原価は見積原価（ないし成行原価）と目標原価の差額として表しています。原価改善の効果を確認するために，必要な都度その時点までの原価改善アイデアを盛り込んだ設計図面が描かれ，その設計図面とおりに製品を生産する場合の原価の見積もりが行われます。見積原価は再度当初の目標原価と比較され，さらなる原価改善の必要性の有無が判断されます。もし，その図面では目標原価を達成できないと判断されれば，さらなる原価改善が必要となるのです。このプロセスは，概念的には目標原価をクリアできる設計図面ができあがるまで続けられます。この段階において，メーカーに部品や材料を供給するサプライヤーの協力，あるいはメーカーとサプライヤーとの連携

● 図表6　原価企画による原価改善のプロセス（概念図）

	図面1	図面2	図面3	最終図面
設計図面				
見積原価	250	200	150	130
目標原価	130	130	130	130
低減対象原価	120	70	20	0
手　段	VEなど（部品点数の削減，工数削減，部品の共有化，材質変更……）			
機能レベル	100	100	100	100
判　定	×	×	×	○

原価企画チームによる協働作業

も重要な意味を持つでしょう。

4　むすび

　原価企画は新製品開発のマネジメントと緊密な関係にあり，日本企業の競争力の源泉の一つとなってきました。しかし，同時に原価企画の予期せぬ逆機能も指摘されています。さらに，企業のグローバル化が進展する中，原価企画の海外移転も重要課題となってきました。欧米企業の中には，原価企画の重要性を認識し，組織的に原価企画を導入しようとするところも着実に増えており，日本発のコストマネジメント手法の有効性が世界的に認められたといえるでしょう。

★コラム　サービス業での活用と原価企画の逆機能★

　原価企画は製造業で生まれ，長い年月をかけて洗練されてきました。しかし，原価企画を支える基本思想である「源流管理」「顧客満足」「原価の作り込み」

135

は，あらゆる業種に適用できます。少子高齢化が進み，国民皆保険制度を採用しているわが国では，医療費の高騰が国家財政を揺るがせるほど深刻な問題となってきています。

病院経営の健全化と質の高い医療の提供という並立が困難な目標達成を目指し，急性期医療（患者の病態が不安定な時期から，治療によりある程度安定した状態に至るまで（多くの場合，2週間以内）の期間である「急性期」に対する医療）を行う急性期病院を対象とした「診療プロトコル」は，医療サービスという領域における原価企画の適用例です。

もちろん，ものごとの源流に遡って活動を行う原価企画は，コスト低減という大きな成果を組織にもたらします。しかし，それと同時に，例外なく生じる問題や欠点もあります。また，有用性を追求することで不可避的に潜在し，時に顕在化する弊害も確認されています。これらのものを総称して「逆機能」と呼びます。

製造業だけでなく医療サービスの世界でも，逆機能の存在を正しく認識し，その顕在化による悪影響を未然にコントロールすることの重要性が注目されています。

診療プロトコルとその逆機能に関しては，学術研究雑誌である『原価計算研究』に掲載された論文で詳細に説明されています（加登豊・佐々慶子（2020）「診療プロトコルの逆機能研究から得られる知見：製造業の原価企画研究を踏まえて」『原価計算研究』44(2)，pp. 124-136）。

事例A　三菱電機

三菱電機は競争力強化の一環として，原価企画活動を本格化した。従来，重点分野だけに適用していた活動を，新たに「CVC活動」としてソフト・サービスを含むすべての自社開発製品に拡大する。部品の共通化や標準化と連動することでコスト低減の効果を高める。電機メーカーではコストを積み上げて販売価格を設定する方法が一般的だが，同社は「事業ごとの利益確保に向けて，発想を転換させる」（資材部）としている。

　三菱電機は，家電を担当する中津川製作所で87年に原価企画活動を導入。99年からは各事業部門の戦略プロジェクトとして，約70の重点事業を選定して同活動を展開している。

　このプロジェクトでは平均15％の営業利益確保を目指していたが，現在まで「達成率は88％に達した」（同）という。この成功を背景に，対象を全社に広げることにした。

　新たに導入したCVC活動は「チャレンジ・フォー・ザ・マキシマム・バリュー・クリエーション」の略称で，資材部と生産本部が共同で事務局となる。原価企画活動の支援や，このための要素技術・生産技術の提供，調達情報の交換など，多面的な活動を通じてコスト削減を進める。また重点プロジェクトについては役員会に報告し，進行状態をチェックする。

　すでに「開発製品のうち70％程度は原価企画活動でカバー」（同）しており，これを早期に100％に高める方針。グループ企業についても三菱電機照明など直系子会社の一部はカバーしており，今後は日本建鉄や大井電機，島田理化工業など関連会社に対象を広げる。

　電機メーカーは，生産品目が多いこともあってコスト削減は機種ごとに行っているのが実情。三菱電機は「原価企画の全社展開により，コスト低減の意欲を高めたい」としている。

【用語】原価企画活動＝設計や開発，商品企画の段階で原価（利益）を"作り込む"運動。具体的には製品の販売価格を想定し，ここから目標利益を差し引いた目標原価を設定。これを部品や工程ごとに割り振る。トヨタ自動車をはじめ自動車業界で導入が進んでいる。電気製品は発売後に価格が低下するのが一般的なため，三菱電機では１年後，２年後の想定売価を算定しているのが特徴。

＊ケースの出所：日刊工業新聞（2001年９月27日，　１面）

事例 B　九州電力

　九州電力が取引先と共同で進めている「購買原価企画活動」が軌道に乗り始めた。同社が電力業界で初めてこの手法を取り入れてから１年半。昨年12月には先行導入した配電用資材２品目で製造原価を数千万円圧縮するなど，目に見える形で成果が出始めている。既存のコスト低減策が限界に近づくなか，九州電力は自社の調達コ

137

ストを低減しつつ，取引先のコスト競争力を強化するという，新たなビジネスモデルを定着させつつある。

「それは難しい」。九州電力がこの活動を持ち掛けた当初，取引先は一様に難色を示したという。共同で原価構造を分析するには，人件費をはじめとした自社の原価構造をすべて九州電力にさらけ出さなければならない。企業の心臓部である原価構造の開示に取引先が抵抗感を示すのは当然といえた。だが，取引先と共同でコスト上の問題点を洗い出すには原価構造の開示は必須条件。九州電力は取引先への説得を重ねた末，変圧器やコンクリート柱，がい子など配電用資材8品目に購買原価企画方式を導入することに成功。2002年度から取引先と共同作業に入った。

九州電力が新たなコスト低減策に取り組み始めた背景には地場企業のけん引役としての九州電力の立場がある。同社の資材の総契約額は02年度で約3,700億円。地元企業への発注割合は実にその7割を占める。電気事業のさらなる競争激化を控え，調達コスト削減は避けて通れない課題。しかし地域経済への影響力が大きい九州電力が一方的に価格低減を取引先に強いれば「地場企業の利益を削ることになりかねない」（資材燃料部）。そこで取り入れたのが地場企業と「ウィン・ウィン（共存共栄）」の関係を築ける購買原価企画活動だった。この方式であれば九州電力は調達コストを低減できる一方，取引先も製造原価を下げることでコスト競争力を高めることができる。

「品質や仕様が過剰ではないか」「原材料の調達の方法を工夫できないか」。取引先と資材を実際に使用する配電部，資材燃料部の3者がコスト分析を重ねるなか，新たに生まれたのが原材料の購入に対する競争環境を整備し，機器の構造を簡素化するなどの改善策。そうした取り組みを通じ，昨年12月には先行して導入した8品目のうち，2品目で年間数千万円というコスト削減効果を生んだ。活動を通じて得られた数千万円の"利益"は取引先と九州電力が折半，契約もこれまでより大幅に低い単価に改定した。

九州電力は今回の成果を弾みに「最終的には取引額の3分の1をこの方式で購入したい」（石井拓常務）と鼻息が荒い。現在，資材燃料部は資機材を使用する部署と部門の壁を越えた共同検討体制を整備。今回試行した原価分析手法や原価低減策をデータベースに入力し，標準化する作業にも着手するなど，推進体制をさらに強化している。地場企業と共存共栄の関係を築く——。こうした取引先との共同作業は両者の信頼関係をより強固にする効果がある。一方的な価格の押し付けではない，地域企業と協調したコスト削減への取り組みは今後の「地域と電力会社」を探るう

えでも参考になりそうだ。

［メモ］◆購買原価企画活動とは，発注元が資機材取引先と共同で製品の原価構造を分析，コスト増の原因を明らかにし，品質などを犠牲にしない範囲で製造原価を下げる取り組み。発注元は調達コストの低減を図れ，取引先はコスト競争力を向上できるメリットがある。大手自動車メーカーなどで導入が進んでいる。

＊ケースの出所：電気新聞（2004年2月16日，3面）

【その他の事例】
●松下電工（現パナソニック電工）：加登（1990年，pp.15-35），または加登・李（2011年，pp.12-13）

■確認テスト

① 設計図面ができあがった時点で，当該製品の原価の（　　）割〜（　　）割程度が確定してしまうといわれている。

② 原価の大部分は生産段階で発生するが，その原価の発生を決定づけるのは生産より前の（　　　　　　　　）段階である。

③ 従来型の原価管理手法はプロダクト・アウト志向であるのに対し，原価企画は市場を出発点とすることから，（　　　　　　　　　　）志向といわれる。

④ 現状で達成が見込まれる成行原価が2,500で，目標原価が1,800の場合，原価企画により低減すべき低減対象原価は（　　　　　）である。

⑤ 従来型の原価管理では，いかに生産段階で原価を抑えるかに注目していたが，原価企画では，いかに研究開発段階で目標原価を（　　　　　　　　）かに焦点が置かれている。

■Exercises

　家電事業部では，原価企画により新たにスマートTVを開発し，来年4月の市場投入を予定しています。2つのモデルとその関連データ（1台当たり）は次の通りです。

（単位：円）

	スマート01	スマート02	備　考
予想販売価格	130,000	200,000	←市場調査による
目標利益	30,000	50,000	←中長期利益計画から
目標原価	（　　　）	（　　　）	←作り込むべき原価
成行原価	120,000	170,000	←現状で達成可能な原価
低減対象原価	（　　　）	（　　　）	

❶　「スマート01」モデルと「スマート02」モデルの目標原価を求めなさい（控除法による）。

❷　成行原価が上記のとおりだとすると，両モデルの低減対象原価は各々いくらですか。

❸　目標原価の作り込みに成功し，かつ市場投入時の実際販売価格が当初の予想販売価格と一致した場合，両モデルから得られる実際の利益を求めなさい。

❹　【事例A：三菱電機】において，同社は「事業ごとの利益確保に向けて，発想を転換させる」としていますが，発想の転換が具体的に何を意味しているのかを推察しなさい。

❺　【事例B：九州電力】において，同社が取引先と共同で進めた購買原価企画の成果はどのような形で表れましたか。

【ケース⑦】の答え

（1）バリボ01：56,000円，バリボ02：72,000円

（2）バリボ01：　6,000円，バリボ02：　8,000円

（3）バリボ01：14,000円，バリボ02：18,000円

第8章

環境コストマネジメント

○学習ポイント○

① 環境コストマネジメントとは何かを学習します。

② マテリアルフローコスト会計（MFCA）の考え方を理解します。

③ MFCA 導入の効果を考えます。

ケース ⑧

◇ユタカ㈱では，製品Pの生産において，原価管理の一環としてマテリアルフローコスト会計システムを採用しています。製品Pと関連する今月のコストの流れは次のとおりとなっています（ただし，マテリアルコストのみ）。

（単位：万円）

```
                        ┌─────────┬─────────┐
                        │中間製    │期首 50   │
                        │品倉庫    │期末 100  │
                        └─────────┴─────────┘
                          ↑ 300    ↓ ?
          1,540      1,460         ?              ?              ?        ┌──────┐
サプライヤー → 原材料倉庫 → 生 産 → 品質管理 → 完成品倉庫 →        │正の製品│
                                                                         │ 顧客 │
          ┌───┬───┐  ┌───┬───┐  ┌───┬───┐  ┌───┬───┐    └──────┘
          │期首│期末│  │期首│期末│  │期首│期末│  │期首│期末│
          │50 │100│  │ 0 │ 0 │  │ 0 │ 0 │  │50 │100│
          └───┴───┘  └───┴───┘  └───┴───┘  └───┴───┘
                                       50        20
                          120    ┌─────────────┐              ?      ┌──────┐
                          →      │ 廃棄物       │ →                  │負の製品│
                      ?          │ 処理システム │                     │ 処理 │
                                 ├──────┬──────┤                    └──────┘
                                 │期首  │期末  │
                                 │ 0   │ 0   │
                                 └──────┴──────┘
```

出所：國部・伊坪・水口（2012），p.63をもとに作成

(1) 正の製品の原価を求めなさい。

答え	

(2) 負の製品（廃棄物）の原価を求めなさい。

答え	

(3) 同社では，製品原価全体（＝正の製品原価＋負の製品原価）に占め

る負の製品原価の割合を10%に抑えることを目標にしています。今月
はこの目標を達成できていますか。

答え	

■解説

1　環境コストマネジメントをどう理解するか

　企業が環境問題を無視してビジネスを営むことはもはや不可能な時代になってきています。家電リサイクル法や資源有効利用促進法をはじめとする各種の環境関連法は，環境意識の高まりの表れといえますが，リサイクルへの対応や公害対策などの環境対策に積極的に取り組むには必然的にコストがかかります。これら環境関連コストが不可避なコストだとすると，いかにしてそのコストに見合う効果をあげられるか，さらにはいかに環境関連コスト自体を削減できるかが大きな意味を持つでしょう。その際，企業が環境に配慮することで，顧客からの支持が得られ，それが当該企業の競争力向上に結びつくといった戦略的な側面にも注目する必要があります。環境コストマネジメントとは，これら環境関連コストをいかに管理していくかの問題に他なりません。

　もっとも，環境コストマネジメントには，こうした「ビジネスシステム・レベル」の環境コストマネジメント以外にも，「製品レベル」の環境コストマネジメントというもう一つの側面が存在します。分かりやすくいえば，前者は環境対策の費用対効果の観点から，環境対策に取り組むほどコスト増になるという関係（トレードオフ関係）をどのようにマネジメントするかに注目するのに対し，後者は，環境にやさしい製品開発を前提に，環境要因を考慮したときに製品原価はいかにあるべきかを考えることにフォーカスが当てられます。したがって，コストマネジメントの対象は，ビジネスシステム・レベルでは環境関連コストであり，製品レベルでは製品原価ということになります。

　本章では，後者の製品レベルの環境コストマネジメントを取り上げること

にし，研究開発段階において原価と環境要因の作り込みに注目する「環境配慮型原価企画」と，生産段階において廃棄物原価の削減に注目する「マテリアルフローコスト会計」といった2つの代表的な環境コストマネジメントの考え方について順に考察していきます（**図表1**）。

● **図表1　環境コストマネジメントの2つの手法**

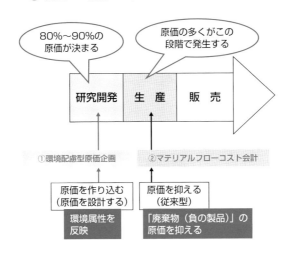

2　環境配慮型原価企画

　製品レベルの環境コストマネジメントの考え方は，たとえば，原価企画との関連で捉えることができます。原価企画では，新製品開発に際し，予想売価から目標利益を差し引いた目標原価を達成できる製品の開発を目指します。目標原価は現状のままでは到底達成できないような厳しいものになることが多く，このような厳しい目標原価をクリアするためには原価企画チーム内で発想の転換やイノベーションが求められます。

　環境コストマネジメントを「環境に配慮したコストマネジメント」として捉える場合，企業によって定められる独自の新製品環境属性は目標原価を作

り込む際にクリアすべき要件として解釈することができます。仮に，①リサイクルの際の分解しやすさを確保するために本体の接合にネジを使わない構造を採用するとか，②これまで２つや３つに分かれていた部品を一度に成型する一体成型を環境属性の一環として取り入れることにしたとすると，この２つの環境属性は目標原価を作り込む際の要件になるわけです。

● 図表 2　環境配慮型原価企画のイメージ

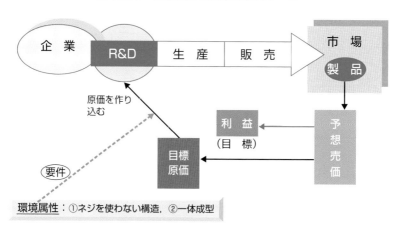

環境に配慮するという要件を踏まえて目標原価を作り込むことができれば，一石二鳥のトレードオンが実現します。すなわち，従来よりも環境にやさしい製品（環境属性の作り込み）でありながら，原価はむしろ削減できるのです（原価の作り込み）。もちろん，そのためには革新的なアイデアの蓄積とそれを実行に移すためのバックアップ体制が整備されなければなりません。

3　マテリアルフローコスト会計

1　マテリアルフローコスト会計とは何か

製品レベルの環境コストマネジメントとしては，マテリアルフローコスト

会計（MFCA）がもっとも知られています。基本的な考え方は次のとおりです。すなわち，従来の原価計算においては，廃棄物にかかった原価は製品を製造するために必然的にかかる原価の一部として，すべて完成品の原価に含めていました。そのため，廃棄物の存在が隠れてしまい，製造プロセスにおいて廃棄物を積極的に減らそうというモチベーションはそれほど期待できませんでした。そこで，廃棄物を完成品と同様に製品として捉え，完成品を「正の製品」，廃棄物（マテリアルロスともいう）を「負の製品」として把握し，廃棄物そのものの原価も別途集計することで，廃棄物コストの「見える化」を図ったのです。

　その結果，従来，完成品（正の製品）がすべて負担していた廃棄物の原価が，完成品から切り離され，廃棄物自体の原価として集計され，それまで隠れていた廃棄物の存在が「見える」ようになりました。「測定しなければコントロールできない」という言葉がありますが，MFCAによって廃棄物が測定できたことで，廃棄物の原価がコストマネジメントの対象となり，結果的に，廃棄物の削減を通じた環境負荷削減とコスト削減の同時達成が可能となったわけです。

　MFCAでは，廃棄物の「見える化」のために正の製品と負の製品の区別が重要な意味を持ちます。通常の原価計算とMFCAの原価計算の違いを考察することで，この点を確認しておきましょう。**図表3**は，原材料費2,000円と加工費1,000円を投入し，製品を1個作ったときの通常の製品原価計算の考え方です。原材料のうちどのくらいが廃棄されるのかに関係なく，原材料費2,000円と加工費1,000円はすべて完成品が負担し，完成品の原価（3,000円）となります。この場合，廃棄物は隠れていて見えていません。

● 図表3　通常の考え方

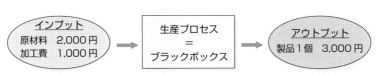

出所：國部・伊坪・水口（2012），p.65をもとに作成

　反面，MFCAでは，**図表 4** のとおり，インプットの原材料費と加工費がそれぞれ重量比（**図表 4** では，70kg：30kg）で完成品（正の製品）と廃棄物（負の製品）に配分されることで，廃棄物の原価は完成品から切り離され，別途把握できるようになります。その結果，廃棄物の「見える化」が実現するわけです。**図表 4** の例では，廃棄物の原価が900円（原材料費600円＋加工費300円）となりました。すなわち，2,100円の製品を製造するのに，900円のムダ（廃棄物）が発生しているということです。もしこの廃棄物を削減することができれば，その分だけコストが節約できるはずなので，環境負荷の削減とコスト削減の同時達成が可能となるでしょう。

● 図表 4　MFCA の考え方

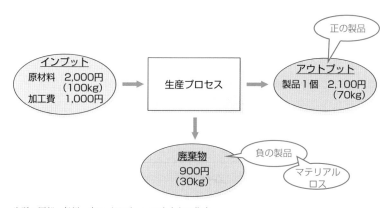

出所：國部・伊坪・水口（2012），p.67をもとに作成

2　マテリアルフローコスト会計における原価計算

　MFCAでは，製品の原価を通常の原価計算とは異なる 4 つの原価要素によって集計します。4 つの原価要素には，①マテリアルコスト（材料費），②システムコスト（労務費や減価償却費等からなる加工費），③エネルギーコスト（電気代やガス代など），④廃棄物処理コストが含まれますが，なかでもマテリアルコストがメインとなっています。MFCAでは，上記①②③のコストをマテリアル（原材料）の重量比で製品（正の製品）と廃棄物（負

の製品あるいはマテリアルロス）に配分するとともに，④のコストは廃棄物に関してのみ発生するので廃棄物に直課することになります。

　図表5は，マテリアル（原材料）の当期分の投入量95kgと在庫5kgを合わせた100kgに関して，正の製品80kgと負の製品20kgの割合（8：2）でマテリアルコストを配分した結果を表しています。システムコストとエネルギーコストも同様に，重量比8：2の割合で正の製品と負の製品に配分されています。廃棄物処理コストは全額が負の製品に集計され，最終的には，正の製品に1,240（万円），負の製品に350（万円）のコストがかかっていることが分かります。

● 図表5　MFCAによる原価計算（1）

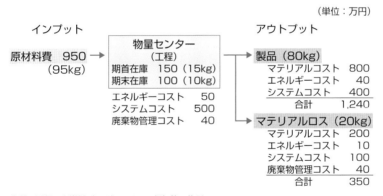

出所：國部・中嶌編（2018），p.9に一部加筆・修正

　ここで，**図表5**の物量センター部分を少し拡張して表すと，**図表6**のようなイメージとなり，MFCAの仕組みがより理解しやすくなります。各物量センターにおいて，正の製品に流れるコストと，負の製品（マテリアルロス）に流れるコストが分離されていく様子がよく分かります。

3　MFCA損益計算書と環境コストマネジメント

　図表6からは，顧客に売り渡された「正の製品」の原価が1,240（万円），処理された「負の製品」（廃棄物）の原価が350（万円）であることが明らかとなり

● 図表6　MFCA による原価計算（2）

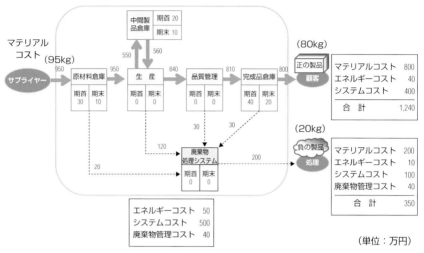

（単位：万円）

出所：國部・伊坪・水口（2012），p.63および國部・中嶌編（2018），p.9をもとに作成

ました。これを損益計算書の形で示すと**図表7**のとおりとなります。MFCA の最大の貢献は，これまで隠れていた廃棄物を「見える化」し，それを表舞台に立たせることによって，経営管理者の注目を廃棄物に向けさせたことです。この点を，次の2つの損益計算書を比較しながら確認してみましょう。

　図表7の左側の損益計算書は通常のもので，右側の損益計算書は MFCA

● 図表7　2つの損益計算書の比較

（単位：万円）

通常の損益計算書	
売 上 高	2,000
売 上 原 価	1,590
売 上 総 利 益	410
販 売 費・一 般 管 理 費	210
営 業 利 益	200

MFCA 損益計算書	
売 上 高	2,000
正 の 製 品 原 価	1,240
負 の 製 品 原 価	350
売 上 総 利 益	410
販 売 費・一 般 管 理 費	210
営 業 利 益	200

（注）　売上高を2,000，販売費・一般管理費を210と仮定した場合の損益計算書である。

による原価計算の結果（**図表6**）を反映したものです。唯一の違いは売上原価の部分ですが，MFCA損益計算書では，売上原価が「正の製品」の原価と「負の製品」の原価に区分されています。すなわち，通常の損益計算書では隠れていた廃棄物の存在がMFCA損益計算書では「見える」ようになったのです。通常の損益計算書に比べ，MFCA損益計算書のほうがその分だけ情報量が多いといえます。負の製品原価が350（万円）と測定されたので，経営管理者にとってはこのコストは不要なコストと認識され，コスト削減の対象となるでしょう。そして，負の製品原価の削減は総原価の削減につながり，最終的に営業利益の増加に結びつくことになるでしょう。このように，「廃棄物の削減」とそれに伴う「コスト削減」が「利益の増加」と直接的にリンクしているという点がMFCAの強みといえます。

　MFCAをいち早く取り入れた日東電工などでは，製品原価全体に占める負の製品原価の割合について達成目標（たとえば，10％未満など）を設定することで，組織内に廃棄物削減への取り組みを促す明確なメッセージを発しています。また，本章のコラム欄で取り上げる山田製油では，一番しぼりごま油のしぼり粕を用いて新製品開発を行うことにより，売上高向上への貢献も実現しています。

　このように，MFCAにより廃棄物の「見える化」が図られ，その廃棄物コストがコストマネジメントの対象になることで，廃棄物という環境負荷の削減とコスト削減の同時達成が可能になってきました。これは，環境コストマネジメント，あるいは環境管理会計へのMFCAの大きな貢献といえるでしょう。

☆コラム　負の製品原価の削減から生まれた新製品☆

　マテリアルフローコスト会計計算の結果を参考にして，環境負荷の軽減と収益性の両立を可能とするアイデアを生んだ事例を紹介します。

　京都で100年近い歴史を持つごま製品を製造販売する山田製油は，よい品質の商品を届けることにこだわる企業です。このようなこだわりを同社では「へ

んこ」(「へんこつ」なという意味の方言です)と呼び,一番しぼりのごま油に
とくにこだわってきました。その結果,油成分を50%以上含むしぼり粕を,飼
料等として販売する以外には廃棄していました。食品ですから,長い時間をか
ければ自然に戻りますが,「もったいない」ものづくりになっていることは否
めません。経営に関してより深く考え,知識を得るためにビジネススクールに
入学した社長は,コストマネジメントの講義で「マテリアルフローコスト会
計」に出会いました。そして,さっそく,原価計算をしてみると,その結果は
下記のようなものになりました。

● 図表A　伝統的原価計算

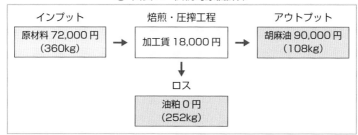

出所：加登・山田（2019）

● 図表B　MFCAの原価計算

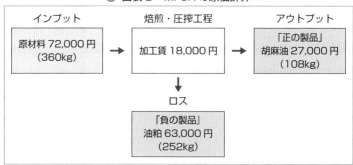

出所：加登・山田（2019）

　9万円の原価の投入に対して,2万7千円のごま油(正の製品)と6万3千
円の油粕(マテリアルロス)というアウトプットが得られたことに愕然とした
のです。そこで,栄養分も豊富な油粕を活用して新製品を開発することで,白

社の売上向上と廃棄物コスト（負の製品原価）の圧縮に取り組みました。その成果が，**図表C**のような新製品です。

● 図表C　食品ロスから生まれた製品

（写真提供：山田製油）

　同社の取り組みは，学術研究雑誌である『原価計算研究』に掲載された論文で詳細に説明されています（加登豊・山田康一（2019）「食品ロスの製品化——マテリアルフローコスト会計を活用して」『原価計算研究』43(1)，pp.57-67）。

事例A　日東電工

　日東電工が環境会計の手法「マテリアルフローコスト会計（MFCA）」を活用し，電子材料用テープの生産工程の改善を進めている。工程ごとに原料廃棄物や使用エネルギー，システムコストなどを計算し，ロスを減らして生産性を高める。環境負荷の低減にも成功した。今後は主力製品の液晶光学用フィルムなどにもこの手法を適用し，全社的な取り組みに育てる考えだ。

　日東電工の工業用テープの主力工場，豊橋事業所（愛知県豊橋市）。半導体製造に使う電子材料用粘着テープの生産ラインでは，シート状のテープの両端が切り取られ，規格の幅に整えられて巻き取られていく。切り取るテープの幅は約5センチ。2000年11月に日本で初めてMFCAを採り入れた際，切り捨てていたこの「端っこ」を縮めることが最初の課題となった。

　利益は廃棄物の中に眠っている——。MFCAでは製造原価を実際に製品材料となった「正の原価」と，不良品など廃棄物となった「負の原価」に工程ごとに分類して集計。負の原価の削減に取り組むことで，生産性を向上させようという考えだ。

もともと日東電工は，MFCAの導入前から「産廃原価」を集計する独自の環境会計を全社的に実施していた。ただ，この手法では会社全体の廃棄物コストを把握できても，製造工程の改善個所が見えにくい点が課題だった。特に電子材料用粘着テープは当時，投入原料に占める廃棄物コストが3割と他の製品の2倍以上になった。利益の同等分が廃棄されている計算だった。

そこで廃棄物コストの発生源を特定し，利益改善を狙って導入したのがMFCAだ。テープは2枚のフィルムが粘着剤を挟み込む三層構造になっている。MFCA

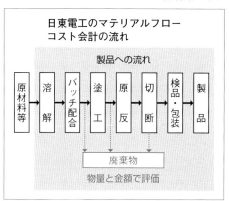

では，粘着剤の溶解工程からフィルムへの塗工工程，規格の大きさに合わせる切断工程など計7工程に分けて，無駄になったコストをはじき出した。

明らかになったのは，粘着剤の2割，テープ基材となるフィルムの3割が切断工程で廃棄物となっている事実。テープを巻き取る際，切り捨てていた部分がコストを膨らませて

いた。フィルムの端ギリギリまで粘着剤を塗工できないため，切断工程で余分に切り取る必要があったのだ。対策として，設備に7億円を投じ，塗工幅や切断タイミングなどを変更。切り落とす端材は幅10センチから半減し，投入原料に対する廃棄物コストは3割減り，製品としてのアウトプットは14％増えた。

導入に携わった古川芳邦サステナブル・マネジメント推進部長は「工程から発生するのが当然と思われている廃棄材を金額で評価することで工程改善の意識が芽生えた」とMFCAの意義を話す。しかも「廃棄物を減らして二酸化炭素削減にもつながる」。

日東電工ではMFCAを自動車用のテープに適用するなど水平展開を進める。海外工場や同社主力の液晶パネル用偏光フィルムへの展開も検討中だ。液晶パネルの減産で同フィルムの需要は落ち込んでいる。09年は社内スローガンに「無・減・代」を掲げ，合理化を急ぐ。収益改善にもつながるMFCAのような環境配慮型の改善策の重みが増している。（牛込俊介）

＊ケースの出所：日経産業新聞（2009年3月18日，5面）

事例 B　美和ロック

　建築用錠前の販売数量で国内6割のシェアを握る美和ロック（東京都港区）。同社は2010年4月から，原材料の無駄を削減する活動を全社規模で展開している。2008年秋にリーマン・ショックが発生すると受注が激減。前年比で100億円以上の売り上げ減に見舞われた。厳しい経営環境で利益を捻出するためにあらゆる業務を見直していたところ，日本能率協会コンサルティングから環境会計の一種であるマテリアルフローコスト会計（MFCA）を紹介された。MFCAを採り入れることにより，原材料を廃棄するプロセスに実は大きな費用がかかっていることに気づいた。

　MFCAでは原材料のうち最終製品になったものを「正の製品」，不良品や端材などの廃棄物を「負の製品」ととらえ，工程ごとにどれだけの廃棄物ができたのかを算出する。この手法に従って，あるホテル用カードキーの錠前製品で試算したところ，投入したプレス加工用材料2,060kgのうち，正の製品になったのはわずか61％。4割近くが負の製品になっていたことが判明し，ほかの製品も負の製品の割合が高いことが予想された。同社が1年間に購入する板金プレス加工用材料の重量は約6,000トン，16億円相当に上る。負の製品を減らせば，相応のコスト削減効果が期待できる。

　負の製品を大量に生み出している要因は，生産性と品質の基準を重視しすぎていたことだった。例えば設計部門では生産部門の作業性に配慮。プレス加工時の板取りレイアウトに余裕を作っていた。「熟練者なら1枚のステンレス鋼板から11〜12個の部材を取れる場合でも，10個分でCAD（コンピュータによる設計）図面を起こしているような事例が目立った」（A取締役生産技術本部長）。製品ごとにコスト目標を設定していたものの，「部品点数の削減などに注意を向ける一方，原材料の廃棄を減らしたり，製品の厚みを薄くしたりといったことは意識していなかった」（製品設計部のB次長）。

　他方，生産現場では品質への意識が強すぎた。とりわけホテル用カードキーの錠前では外観に対する顧客の要求が高いこともあり，現場の品質管理担当者が生産物の傷に敏感になっていた。顧客と合意して定めた品質基準をクリアしている生産物でも，微細な傷を見つけ出して不良品扱いしているケースが散見された。これを受けて現場作業者も，段取り替え作業の直後など品質が安定しにくい時点の生産物はその場で廃棄していた。

　原因を突き止めた同社は，廃棄物を減らす活動に力を入れている。例えば玉城工

場（三重県玉城町）の生産現場には，主な原材料を掲示したスペースを設置した。それぞれの材料に「この長さで○○円」と金額を表示し，むやみに廃棄しないように意識づけている。品質管理部門では複数の担当者が集まり，不良検査が厳しくなりすぎていないかを確認し合う「目合わせ」を実施した。

　廃棄物削減の活動を始めてから約半年で，プレス加工用材料の廃棄物を1トン削減するなどの成果を得た。「理論上は500トン近くまで削減できる」（B次長）。今後も活動を継続し，理論値に近づけるように工夫を凝らしていく。

＊出所：日経情報ストラテジー（2011年03月号，pp.44-45）より一部を抜粋，個人名を匿名化して掲載

【その他の事例】

●松下電器産業（現パナソニック）：日経ビジネス（1998年4月6日号，pp.39-40），
　または加登・李（2011年，pp.26-27）

■確認テスト

① 環境配慮型原価企画による環境コストマネジメントでは，（　　　　　　　　　）を作り込む際に，環境属性も同時に作り込む（クリアする）必要がある。

② MFCAでは，原価をマテリアルコスト，（　　　　　　　　　　　　），エネルギーコスト，廃棄物処理コストの4つに区分して集計する。

③ MFCAでは，完成品は「正の製品」と呼び，廃棄物は「（　　　　　　　　）」あるいは，マテリアルロスと呼んでいる。

④ これまで隠れていた廃棄物を（　　　　　　）化し，それを表舞台に立たせることによって，経営管理者の注目を廃棄物に向けさせたことはMFCAの大きな貢献である。

⑤ 原材料費50,000円（50kg），加工費30,000円を投入し，完成品40kgと廃棄物10kgを作り出した場合，従来の原価計算による完成品原価は（　　　　　　）円であり，MFCAによる完成品（正の製品）原価は（　　　　　　）円である。

■Exercises

M社では，マテリアルフローコスト会計システムを採用しています。同社における今月のコストの流れは次のとおりとなっています（ただし，マテリアルコストのみ）。

（単位：万円）

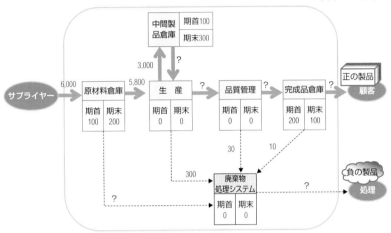

出所：國部・伊坪・水口（2012），p.63をもとに作成

❶　正の製品の原価を求めなさい。

❷　負の製品（廃棄物）の原価を求めなさい。

❸　M社では，製品原価全体（＝正の製品原価＋負の製品原価）に占める負の製品原価の割合を10％に抑えることを目標にしています。今月は，この目標を達成できていますか。

❹　【事例A：日東電工】において，MFCAの導入は同社にどのような具体的な成果をもたらしましたか。

❺　【事例B：美和ロック】において，同社が負の製品を大量に生み出していたのは設計部門と生産現場に原因があるとされています。その原因とは具体的にどのようなものですか。

【ケース⑧】の答え

（1）1,170万円

（2）220万円

（3）達成できていない。（5.83%ポイントほど超過）

第9章

ライフサイクル・コスティング

●学習ポイント●
❶ ライフサイクル・コストとは何かを学びます。
❷ 使用コストと廃棄コストについて考えます。
❸ ライフサイクル・コストの計算方法を理解します。

ケース ⑨

◇ユタカ㈱の家電事業部はいまパニックになっています。主力製品の
スマートTVのマーケットシェアが大きく落ち込み，一時50%あった
シェアがいまは30%を割ってしまったからです。販売部門を中心にライ
バル各社の製品価格を調査したところ，次のような資料が得られま
した。

表A　スマートTVの市場価格とマーケットシェア

（単位：円）

	同社製品	M社製品	S社製品
価格	100,000	110,000	120,000
マーケットシェア	27%	40%	33%

（注）　上記3つの製品モデルは，機能的にほぼ同レベルである。

　表Aを見る限り，相対的に価格の安い同社の製品がなぜ苦戦してい
るのかがよく分かりません。そこで，経営者は追加的な情報の収集を指
示し，表Bのデータを入手しました。

表B　スマートTVに関する追加データ

（単位：円）

	同社製品	M社製品	S社製品
使用電気代（年間）	9,000	7,000	6,000
廃棄コスト（7年後）	5,000	5,000	5,000

（注）　スマートTVの寿命は7年と仮定する。

(1)　価格のみが消費者側の商品購入基準であると仮定した場合，もっと
　　も価格競争力の高い製品はどれですか。

答え	

160

(2) 各社製品のライフサイクル・コストを求めなさい。

答え	□同社製品：
	□M社製品：
	□S社製品：

(3) 消費者がライフサイクル・コストを商品の購入基準とした場合，どの製品がもっとも競争力が高いといえますか。

答え	

(4) 同社製品の販売不振対策としては，どのような解決策が考えられますか。

答え	

■**解説**

1　企業と市場

　ライフサイクル・コスティングは，ライフサイクル・コスト（Life Cycle Cost：LCC）を測定し，分析するための計算手法です。したがって，ライフサイクル・コスティングを理解するためにはまずライフサイクル・コストが何かを知る必要があります。企業と市場の関係を表す**図表1**をご覧ください。

● 図表1　総原価の範囲

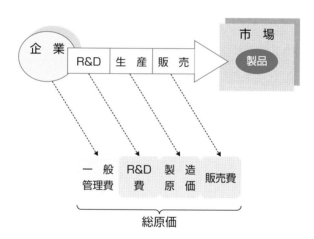

　企業は市場に製品を投入し，その製品は消費者によって購入されます。製品を市場に投入するために，企業は基本的な職能として製品の研究開発（R&D），生産，販売活動を行います。こうした活動にはコストがかかります。製品の研究開発に伴うコスト（R&D費），生産に伴うコスト（製造原価），販売に伴うコスト（販売費）などがそれです。これらのコストに一般管理費を加えると総原価が計算できます。その総原価に一定の利益が上乗せされたのが，消費者が支払う製品の価格（販売価格）となるのです（**図表5**）。

2 ライフサイクル・コストとは何か

　製品が市場に投入され，消費者によって購入された時点で，基本的には企業の活動は一段落するため，企業の視点からすると製品が消費者の手にわたる時点までが重要であるように思われます。

　しかし，消費者の立場からすると，製品は消費者の手にわたる時点から新たなステージが始まります。すなわち，製品の寿命は企業内で開発・生産されてから，消費者の手にわたって使用・廃棄されるまで続くわけです。こうした製品の生涯のことを「製品のライフサイクル」といい，製品が企業内で開発・生産され，消費者によって使用・廃棄されるまでにかかるすべてのコストを「ライフサイクル・コスト」と呼んでいます。

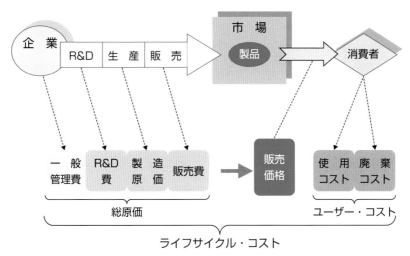

● 図表2　ライフサイクル・コストの範囲

　図表2は，先ほどの企業側からみた図（**図表1**）に使用コストと廃棄コストが加わったものです。製品は消費者の手にわたってから寿命を終えるまで使用されるわけですが，その間に発生する，たとえば，電気代や維持費など

163

のコストは使用コストと呼ばれます。また，寿命を終えた製品を廃棄するの
に費用がかかるのであれば，それは廃棄コストということになります。廃棄
コストはマイナスになることも考えられます。仮に，一応の寿命を終えた製
品が処分時に価値を残している場合には，コストがかかる代わりに残存価値
分の収益が期待できます。これは，処分価値あるいはマイナスの廃棄コスト
といえるでしょう。

　2001年4月から施行された家電リサイクル法は，家電4品目の廃棄コスト
の金額を法的に定めるものです。具体的な金額（一例）は**図表3**のとおりで
すが，廃棄コストの内訳として，メーカーに支払うリサイクル料と引き取る
小売店に支払う運搬料が区別されていることには注意が必要です。消費者は，
リサイクル料に加え，小売店などが中古家電を集めてリサイクル施設まで運
ぶ収集運搬料をも負担することになっているのです。

● 図表3　廃棄コストの一例

（単位：円/1台）

リサイクル商品	区分	リサイクル料	運搬料	税込合計
ブラウン管式テレビ	大（16型以上）	2,970	2,000	4,970
ブラウン管式テレビ	小（15型以下）	1,870	1,500	3,370
プラズマ・液晶テレビ	大（16型以上）	2,970	2,000	4,970
プラズマ・液晶テレビ	小（15型以下）	1,870	1,000	2,870
冷蔵庫・冷凍庫	大（171ℓ以上）	4,730	3,000	7,730
冷蔵庫・冷凍庫	小（170ℓ以下）	3,740	2,000	5,740
洗濯機・衣類乾燥機	大小区分なし	2,530	2,000	4,530
エアコン	大小区分なし	990	2,000	2,990

（注）　令和3年12月現在の金額である。
出所：大分県姫島村役場ホームページ（http://www.himeshima.jp/kurashi/）

　このように，消費者の手にわたってから発生するコストのことをユーザー
・コストと呼びますが，このユーザー・コストに製品の販売価格（消費者側
からすれば購入価格）を加えれば，消費者側からみた製品のライフサイクル
・コストが計算できます（**図表4**）。すなわち，「ライフサイクル・コスト＝
購入価格＋ユーザー・コスト」になるわけです。企業はもはや企業内で発生

する総原価だけを考慮したコストマネジメントを行うわけにはいかなくなってきています。競争の激化や環境意識の高まりとともに，消費者側の賢い消費行動も加わり，ライフサイクル・コストの削減を目指すコストマネジメントがますます重要性を増してきているのです。

● 図表4　消費者側から見たライフサイクル・コスト

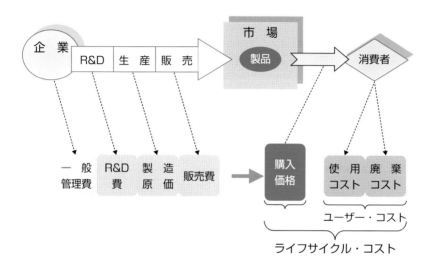

3　ライフサイクル・コストを計算する

　ライフサイクル・コスティングは，ライフサイクル・コストを測定し，分析するための計算手法だといいましたが，それは具体的にどのように計算できるのでしょうか。前述のように，一言でライフサイクル・コスティングといっても，そこには2つの見方があります。企業側からみたライフサイクル・コスティングと消費者側からみたライフサイクル・コスティングがそれです。ここでは，後者を取り上げ，ライフサイクル・コスティングについてより具体的に見ていきましょう。消費者の立場でライフサイクル・コストを計

算する場合，企業側で発生する総原価の代わりに，製品の販売価格（消費者側からは購入価格）が用いられます。それゆえ，原価と価格とライフサイクル・コストの関係は**図表5**のように表すことができます。

● 図表5　原価・価格・ライフサイクル・コストの関係

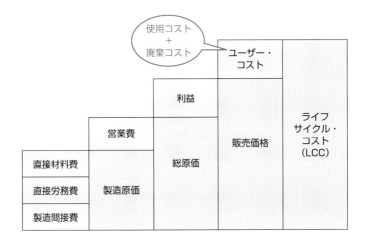

それでは，H社製のフィルター自動掃除機能付きエアコンに関する下記のデータをもとに，同製品のライフサイクル・コストを計算してみましょう。フィルター自動掃除機能によりフィルター掃除にはコストがかからないとすれば，電気代のみが同エアコンの使用コストを構成することになります。なお，エアコンの寿命は10年と仮定します。

購入価格	使用コスト（年間）	廃棄コスト	製品の寿命
97,000円	20,000円	2,990円	10年

(注)　廃棄コストは，リサイクル料（990円）と収集運搬料（2,000円）の合計額である（**図表3**参照）。

このエアコンのライフサイクル・コスト（LCC）は，**図表6**のとおり，「LCC＝購入価格＋使用コスト（年間コスト×寿命年数）＋廃棄コスト」の算式によって求められます。その結果，このH社製のフィルター自動掃除機能付きエアコンのライフサイクル・コストは，299,990円となります。

● 図表6　ライフサイクル・コストの計算例

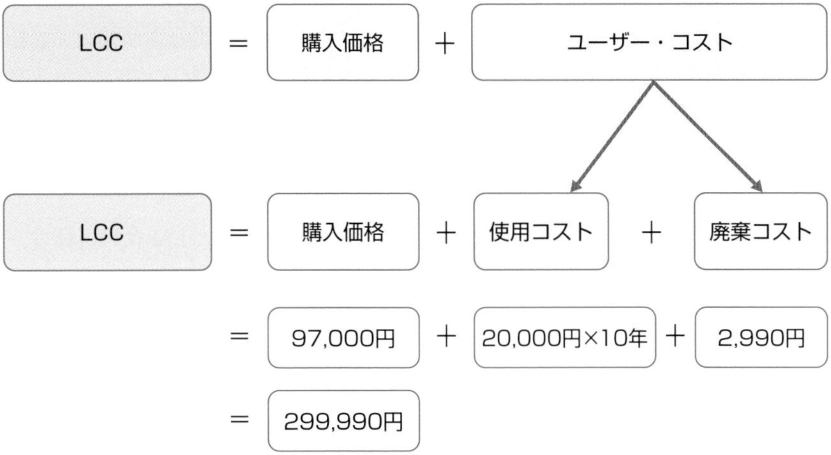

$$\text{LCC} = \text{購入価格} + \text{ユーザー・コスト}$$

$$\text{LCC} = \text{購入価格} + \text{使用コスト} + \text{廃棄コスト}$$

$$= \boxed{97,000円} + \boxed{20,000円×10年} + \boxed{2,990円}$$

$$= \boxed{299,990円}$$

　消費者が購入価格だけでなく，こうしたライフサイクル・コストを重視することになれば，企業もライフサイクル・コストを念頭に置いたコストマネジメントを行わざるをえません。ライフサイクル・コストを引き下げるには，総原価に加え，使用コストと廃棄コストの低減にも積極的に取り組む必要があります。使用コストとの関連では，メーカー側ですでに省エネ製品の開発という大きな流れができ上がりつつあります。また，先ほどのH社のように，自動掃除機能というメンテナンス機能を製品に付加することで使用コストの低減に結びつけるケースも見受けられます。

　また，廃棄コストとの関連では，家電リサイクル法等の対象外の製品で，法的にリサイクル料等が定められていない製品に対しては，廃棄コストの低い（あるいは処分価値の高い）製品を開発する努力も必要といえるでしょう。賢い消費者の賢い消費行動を踏まえ，企業も自らの目線を消費者の目線に合わせていかなければならないのです。

事例 A　日立アプライアンス

　家電量販店に冷蔵庫の新製品が出そろった。昨年に続き400リットル超の大容量が売れ筋だが、今年は消費電力の少ないタイプの人気が高い。製品に表示される消費電力の測定方法が今年から変わり、年間の電気代が実際にどれくらいになるか、分かりやすくなったことが背景にある。各メーカーとも機能面で新機軸を打ち出せていないことも省エネに関心が向かう一因のようだ。

　ビックカメラ有楽町店（東京・千代田）で冷蔵庫を購入した三十代の夫婦は、「冷蔵庫にこんなに電気代がかかるとは思っていなかった」と話す。2人は結婚して引っ越したばかりで何かと出費がかさむが「長い目でみて少しでも家計の負担を軽くしたい」と、省エネに最も優れた容量500リットル級の製品を選んだ。

　冷蔵庫はエアコンに次いで消費電力が多く、家庭全体の約16％を占める。それだけに、以前から省エネ性能は消費者が購入する際の重要な判断基準だった。だが、これまでは温度調節や製氷機などにかかる電力を省いて測定した数値を表示していたため、実際よりもかなり低めの数値が出ていた。メーカーによっては新測定方式で消費電力が三倍以上に跳ね上がった機種もある。

　販売店では十月から電気代や省エネ基準達成率などの新たな表示方式が定められ、各製品の省エネ性能が一目で比べられるようになった。昨年はシャープの保温庫付き冷蔵庫など特徴ある商品が登場したが、今年は大容量化が一段と進んだ以外は、棚の調節機能など使い勝手の向上が中心。店頭では自然と省エネ性能に目が向く。

冷蔵庫の主な新製品

メーカー	型番	容量(ℓ)	特徴	店頭価格（円）	年間電気代の目安（円）
松下電器産業	NR-F 531T	525	前面からの照明で庫内が見やすい	248,000	13,420
日立アプライアンス	R-SF 54WM	535	背面の冷却パネルで冷えムラを抑制	248,000	12,980
東芝コンシューママーケティング	GR-W 45FS	453	オゾンで庫内の冷気を除菌・消臭	238,000	13,860
三菱電機	MR-G 45M	445	発光ダイオードで野菜の栄養分を増やす	228,000	12,980
シャープ	SJ-HL 40M	401	温度切り替えが可能な保温庫付き	178,000	11,660

（注）店頭価格は日本経済新聞が東京都内の家電量販店で調査。年間電気代の目安は1キロワット時あたり22円で計算。

　売れ筋商品の一つ，日立アプライアンスの「R−SF54WM」は家庭用では業界最大級という535リットルの容量が売り物だ。庫内にアルミニウム製パネルを設置して冷えムラを防ぎ，消費電力を抑える工夫を施した。「2010年度省エネ基準達成率」はすでに99％と業界トップクラスだ。

　05年度の冷蔵庫の国内出荷台数は04年度と比べ0.7％減の438万台だった。ただ，メーカー各社が主力に据える401リットル以上のタイプは増加しており，冷蔵庫全体に占める割合は36％と十年で1.5倍になった。一般的に大容量になるほど電気代は高くなる。十年以上使うことを考えれば，年間にかかる電気代のわずかな差も選択の決め手になるようだ。

＊ケースの出所：日本経済新聞（2006年10月31日，朝刊29面）

事例B　シャープ

　ヨドバシカメラ・マルチメディア Akiba（東京・千代田区）のエアコンコーナー。奥行き30センチと通常サイズより8センチほど前にせり出したシャープの新機種「AY−T40SX」（14畳タイプで18万円程度）の前で女性客は首をかしげた。「これって本当に省エネ効果があるの」。原油高でガソリンや電力などのエネルギーコストが上昇。家計の省エネに対する関心は一段と高まっている。自動車では小型車シフトが鮮明だが，エアコンは逆に大型機種がはやりだ。

　「上部に大きな吸い込み口を作り空気をゆっくり吐き出す構造がミソ」とシャープ。空気抵抗を抑えてモーターの負荷を減らし，消費電力は11年前に比べ約半分に。体積は昨年に比べ約4割大きくなったが，省エネ効果で「大型機種の販売は5割増の勢い」という。松下電器産業が先行した掃除ロボット内蔵型の商品も奥行きは約22センチと2年前の主力機種に比べ2センチ長くなったが，汚れをこまめに取ることで冷暖房効率は向上。主婦の人気は高い。シャープの調査（複数回答）ではエアコン購入で省エネを最優先する人は7割と最多。少しでも電気代を抑えようという心理が強まっている。

＊ケースの出所：日本経済新聞（2006年8月11日，朝刊10面）

　　　　＊　　　　　＊　　　　　＊　　　　　＊　　　　　＊
　デフレ下で激安商品が好まれる近年，なぜ白物家電の市場では高級機が売れるよ

うになったのか。この背景には，贅沢品を買っているようで実はコスト意識に敏感な消費者の姿がある。価格だけでなく，長く使った場合の費用である「ライフサイクルコスト」に対する意識は高い。買い替えのサイクルが長い洗濯機やエアコンの場合，特にこの傾向が強い。「10年使い続ければ割安になる」といった考え方である。

　例えば洗濯機の場合，ドラム型洗濯乾燥機は低消費電力や水の使用量の少なさを売り物としている。量販店ではこうした省エネ，省資源の結果を金額に換算して売り文句にする。実際に「ランニングコストの違いを説明すると，多くの客は高級機に気持ちが傾く」（量販店の店員）という。

　エアコンも同様だ。フィルターの自動清掃機能を備える最高級モデルにすると「業者に頼めば1回1万円以上はかかるエアコンのクリーニングが要らなくなるし，消費電力も2000年頃の機種に比べて3割以上は低くなる。10年使うことを考えると，（高級モデルは）高くない」（エアコン売り場の店員）。

　さらに家電に対する法律や環境問題も後押しする。2001年に施行された家電リサイクル法によって，大型家電を処分する時に地方自治体に料金を払わなければいけなくなった。さらに今年の4月に実運用が始まった電気用品安全法（PSE法）により，古い家電を中古業者に売ることも難しくなった。相次ぐ法改正を受けて「その時点で一番高性能な製品を購入して，長く使おうとする客が増えている」（量販店の店員）という。

＊ケースの出所：日経ビジネス（2006年5月15日号，p.11）より一部を抜粋して掲載

【その他の事例】

● 荏原製作所：第4回メンテナンスセミナー報告資料（1999年2月22日，於：東京大学工学部），または加登・李（2011年，pp.38-42）
● 秋田市：建築通信新聞（2009年12月17日，6面），または加登・李（2011年，pp.48-49）

■確認テスト

① 製品が企業内で開発・生産され，消費者の手にわたって使用・廃棄されるまで続く，製品の生涯のことを製品の（　　　　　　　　　　　）という。

② 製品が企業内で開発・生産され，消費者によって使用・廃棄されるまでにかかるすべてのコストを（　　　　　　　　　　　　）という。

③ 製品が消費者の手にわたってから発生する，電気代や維持費などのコストはとくに（　　　　　　　　　）と呼ばれる。

④ 寿命を終えた製品を処分・廃棄するのにかかるコストは（　　　　　　　）といわれている。

⑤ 消費者側からみた製品のライフサイクル・コスト（LCC）は，次の算式で求めることができる。

　LCC＝（　　　　　　　　　　　）＋（　　　　）コスト＋（　　　　）コスト

■Exercises

次のデータにもとづき，下記の問いに答えなさい。A社，B社，C社はほぼ同機能の冷蔵庫を製造・販売しており，各社の製品情報は次のとおりです。

（単位：円）

	A社製品	B社製品	C社製品
販売価格	250,000	240,000	230,000
使用電気代（年間）	11,000	12,500	14,000
廃棄コスト（10年後）	7,700	7,700	7,700

（注）　冷蔵庫の寿命は10年と仮定する。

❶ 販売価格だけで判断した場合，もっとも競争力のある製品はどれですか。

❷ 各製品のライフサイクル・コストを求めなさい。

❸ 消費者が商品を購入する際に，ライフサイクル・コストをもとに意思決定する場合，もっとも競争力のある製品はどれですか。

❹ 売上高を増やすために，C社は今後どのような対策を講じるべきですか。

❺ 【事例A：日立アプライアンス】において，同社が新製品（R-SF54WM）を消費者に

171

アピールするために用いる宣伝文句にはどのような表現が含まれると推測されますか。

❻ 【事例 B：シャープ】において，大型・高級機のエアコンが販売好調である理由は何ですか。

【ケース】⑨の答え

（1）同社製品

（2）同社製品：168,000円，M 社製品：164,000円，S 社製品：167,000円

（3）M 社製品

（4）省エネ製品を開発し市場投入すること。

第10章

価格決定

○学習ポイント○

❶ 原価と価格の関係を理解します。

❷ 原価をベースとした価格決定について考えます。

❸ 市場をベースとした価格決定について考えます。

ケース⑩

◇家電事業部では，2つの新製品（ロボット掃除機とスーパーデジカメ）を開発し，その価格について検討しています。ロボット掃除機は加工費法により価格設定を行い，スーパーデジカメについては，売上利益率法により価格設定を行うことにしています。表Aのデータをもとに，下記の問いに答えなさい。

表A　新製品の原価と販売価格（1台当たり）

（単位：円）

			ロボット掃除機	スーパーデジカメ
総原価	直接材料費		15,000	9,000
	直接労務費	加工費	10,000	6,000
	製造間接費		15,000	6,000
	営業費		6,000	2,000
利　益			（　　　）	（　　　）
販売価格			（　　　）	（　　　）

(1)　両製品の①加工費，②製造原価，③総原価を求めなさい。

答え	ロボット掃除機	①	②	③
	スーパーデジカメ	①	②	③

(2)　加工費法により，ロボット掃除機の①利益と②販売価格を求めなさい。マークアップ率は加工費の40％とします。

答え	①	②

(3)　売上利益率法により，スーパーデジカメの①利益と②販売価格を求めなさい。ただし，目標とするマークアップ率（売上利益率）は価格の20％とします。

174

答え	①	②

■解説

1 原価と価格の関係

　原価と価格の関係は**図表1**のように表すことができます。まず，価格は総原価と利益に分かれます。

🔵 図表1　原価と販売価格

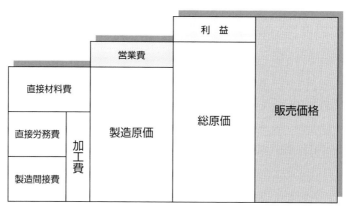

出所：櫻井（1997），p.36に一部加筆・修正

　総原価はさらに，製品の製造にかかる製造原価と製品の販売や一般管理活動にかかる営業費とに分かれます。製造原価には，直接材料費，直接労務費，そして製造間接費が含まれ，直接材料費以外の製造原価はとくに加工費と呼

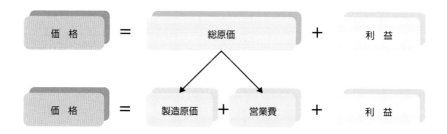

ばれます。こうしてみると，製品の価格は，製造原価，営業費，利益という
3つの部分から成り立っていることが分かります。

2 原価をベースとした価格決定

　それでは価格はどのように決まるのでしょうか。一般に，価格決定には，
利益が先か価格が先かによって2つのアプローチが考えられます。まず，利
益が先で，価格はその結果として決まる場合を見てみましょう。

　この場合には，企業はまず「総原価」を計算し，それに適正利益を加算し
ます。この関係は**図表2**のように表すことができます。

● 図表2　原価をベースとした価格決定

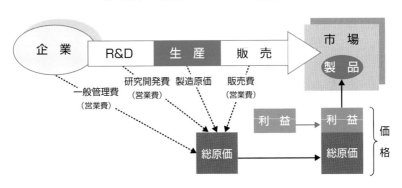

　ただ，加算する利益をどのように決定するかによっていくつかの方法が考
えられます。代表的なものとしては，総原価にマークアップ率を乗じて利益
を算出する「総原価法」と，総原価のうちとくに加工費（直接材料費以外の
製造原価）のみに注目し，加工費にマークアップ率を乗じて利益を計算する
「加工費法」，そして，価格にマークアップ率（売上利益率）を乗じて利益を
算出する「売上利益率法」などがあります。

　例として，直接材料費500円，加工費500円，営業費300円をかけた製品の

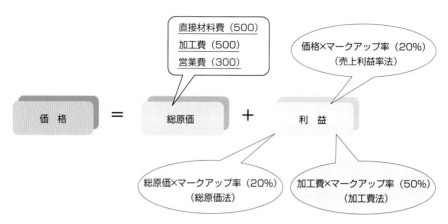

価格決定について考えてみましょう。総原価法（マークアップ率20％を仮定）により製品の価格を求めると，「価格＝総原価＋（総原価×マークアップ率）」から，「価格＝1,300＋1,300×0.2」となり，価格は1,560円となります。すなわち，総原価1,300円のものは1,560円の値がつくことになります。また，加工費法（マークアップ率50％を仮定）によると，「価格＝総原価＋（加工費×マークアップ率）」から，「価格＝1,300＋500×0.5」となり，価格は1,550円となるでしょう。

一方，売上利益率法（マークアップ率20％を仮定）による製品の価格は，総原価に「価格×マークアップ率」を加算し，「価格＝総原価＋（価格×マークアップ率）」の算式によって求められます。最終的に求めようとする価格が価格計算式の一部に含まれているので，価格をXとした上で，総原価とマークアップ率の数値を算式に代入しましょう。すると，「X＝1,300＋0.2X」となり，下記のようにX（すなわち価格）を求めることができます。売上利益率法により求めた価格は1,625円になることが分かります。

$$X = 1,300 + 0.2X$$
$$\rightarrow \quad 0.8X = 1,300$$
$$\rightarrow \quad X = 1,625$$

3 市場をベースとした価格決定

　次に，市場ベースの価格決定について見てみましょう。市場の状況を反映し販売価格が決定されると，利益はその販売価格と総原価の差額として求められます。

　すなわち，価格が総原価を上回る分が利益ということになります。逆に，価格が総原価を下回ればマイナスの利益，すなわち損失が出ることになります。原価をベースにした価格決定の場合，「利益が先で，価格が後」だったのに対し，ここでは，「価格が先で，利益が後」になります。その際，肝心の市場価格の決定にはいくつかの異なる戦略がとられます。代表的なものとしては，すくい上げ価格（skim pricing），浸透価格（penetration pricing），追随価格（follow pricing），セグメント別価格（segment pricing）などの価格戦略が挙げられます。

　すくい上げ価格戦略とは，市場の利益をすくい上げるほど高い水準で，製品またはサービスの価格を設定する戦略です。浸透価格戦略とは，逆に，市場への参入を図ったり，既存市場でのマーケットシェアを高めるために低価格を設定する戦略です。また，追随価格戦略は，当該産業界のプライス・リ

● 図表3　市場をベースとした価格決定

179

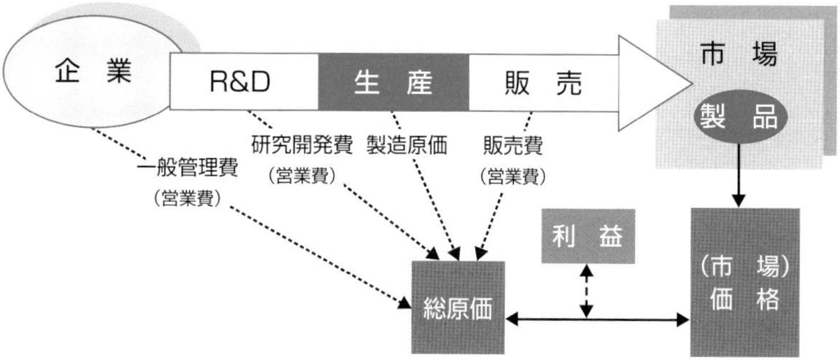

ーダーに追随して製品の価格を設定する戦略です。そして，セグメント別価格戦略とは，同一製品であっても市場が異なれば異なった価格をつける戦略です（櫻井（2019），pp.569-571）。

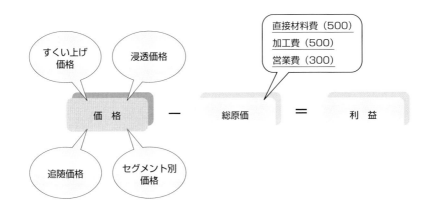

いま仮に，追随価格戦略の適合する状況に自社が置かれていて，自社製品に業界のプライス・リーダーの価格を適用する場合を考えてみましょう。業界のプライス・リーダーが1,200円の価格をつけていたとすると，自社製品にも同様の価格をつけざるをえません。すると，「価格－総原価＝利益」から，「1,200-1,300-△100」となり，利益はマイナス100，すなわち100円の損失を出すことになります。製品を1個売るたびに損失が100円ずつ増えていくわけですから，これは大変です。何とかして利益を上げたいのですが，それがうまくいきません。というのは，価格が市場の競争状況を反映してつけられるわけですから，企業内部のロジックにもとづいて，総原価に一定の利益を上乗せして価格を決めるわけにはいかないからです。むしろ，市場の競争関係や顧客ニーズなどによって決まる市場価格を所与としながら，いかにしてその価格の下で利益を出していく仕組みを作り上げるかを検討すべきなのです。

　先ほどの**図表3**に見るように，価格が所与であれば，総原価を引き下げるしか方法はありません。総原価の引き下げは，損失の縮小と利益の創出に決

定的に貢献します。そして，こうした総原価の引き下げは，いかに無駄を省き組織内部の効率を高められるかに大きく依存しています。もっとも，市場をベースとした価格決定が行われる状況においても，基本的には原価を回収することが求められます。その意味では，原価は価格の下限としての性格を持つといえるでしょう。

☆コラム　オープン価格とは何か？☆

　家電量販店に行ってみましょう。いろいろな家電商品を見ていると，家電量販店が提示している価格とともに，メーカーの値段がオープン価格となっているものを発見することができます。オープン価格とは，実質的にメーカー側には価格決定権がなく，価格の設定は量販店に委ねられているということを意味します。歴史をさかのぼると，当初はメーカーに価格決定権があり，「定価」を設定していました。大量に購入してくれて，大量に販売してくれる量販店が力を持ち始めるとともに，メーカーは量販店に対して標準小売価格や希望小売価格を提示するようになります。「このくらいの値段で売ってほしい」という要望です。しかし，要望は次第に受け入れられなくなり，ついには，「オープン価格」（値段の決定はお任せします）になってしまいました。

　日本の家電メーカーが国際競争力を失い，中国や韓国企業の後塵を拝するようになった理由は数多くありますが，価格決定権を失ってしまったことも影響しているのです。

　価格決定は，ビジネスを行う上で極めて重要な意思決定です。それだから，価格決定権は，何が何でも堅守しなければならないのです。

事例 A　ソニー・コンピュータエンタテインメント（SCE）

「『高い，高い』と言われ続けた。このままでは『夢の世界』を実現できない」
　千葉・幕張メッセで開かれたゲーム見本市「東京ゲームショウ」。9月22日の基調講演で，ソニー・コンピュータエンタテインメント（SCE）の久多良木健社長は，11月11日発売の新型ゲーム機「プレイステーション3（PS3）」の廉価モデルの価

格を，5月に発表した「6万2,790円」から「4万9,980円」へ20%以上値下げすると発表した。発売前の大幅価格見直しは極めて異例で，参加者を驚かせた。

PS3は，東芝，米IBMと共同開発した新型CPU「セル」と次世代DVD「ブルーレイディスク」という2つの目玉を搭載，「ソニー再生のカギを握る」とされる戦略商品だ。SCEは2007年3月末までに国内200万台の出荷目標を掲げる。

今回の値下げは，目標をクリアしたとしても，売り上げを当初見込みより約250億円減少させる。その衝撃はリチウムイオン電池発火問題と併せ，ソニー本体の格下げや株安を招いた。ソニーは10月19日，07年3月期の連結営業利益を800億円下方修正している。

ソニーはなぜPS3値下げに踏み切ったのか。

一般に，モノの最終価格は，製造原価，需要，競争の3要素で決まる。ただし，ゲーム機は純粋なモノではない。ゲーム機は，ソフトなどを流通させる「インフラ」でもあるため，モノの販売では採算がとれなくても，ソフト販売などを併せて総合的に利益が上がればいいためだ。ゲーム機を広く普及させることがカギになるため，あえて低価格を打ち出す戦略もありうる。

だが，SCEはかねてから「PS3はゲーム機ではなく，新たなエンターテインメントコンピュータ」（久多良木社長）と，PS3のモノとしての魅力を強調してきた。

モノの製造原価は，製品を作るために使った部品，生産のコストの総計で求められる。「2つの目玉」を搭載したPS3の場合，部品コストが最終価格の大きな要素となる。

メリルリンチ日本証券は，PS3の当初生産600万台分の部品コストは「1台当たり8万円」と推計する。ブルーレイ装置約2万8,000円，セル約1万7,000円，画像処理チップ約1万5,000円などの合算だ。当初設定の「6万2,790円」はこれを割り込むが，需要が高まれば，量産効果で部品コストは大幅に下がる。メリルリンチは，08年度に出荷累計が3,000万台を超えた時点で，部品コストは4万2,000円に半減すると推計する。

SCEは，PS3がブルーレイディスクの視聴やネットからのコンテンツ取り込みなど，新型のデジタル家電機能を盛り込むなど，将来需要を先取りしているため，潜在需要が大きいとみていたようだ。しかし，誤算があった。「デジタル家電機能を提案するソフト開発がゲームショウに間に合わず，ゲームソフトしか出品できなかった」（ゲーム業界関係者）。結果的に，潜在需要を呼び起こす具体像を示せなかったのである。

　クリスマス商戦でPS3のライバルとみなされる任天堂の新ゲーム機「Wii」は2万5,000円だ。PS3の大幅値下げは「ソフトメーカーに配慮し，ハードの普及を最優先にした」（野村証券の桜井雄太シニアアナリスト）ものであり，モノとしての販売では利益を上げられなくても，インフラ普及を目指すという「ゲーム機のビジネスモデル」に修正したことを意味する。メリルリンチ日本証券の栗山史リサーチアナリストは「この先もPS3がハードだけで黒字化することはなくなった」とみる。

＊ケースの出所：エコノミスト（2006年10月31日，pp.18-19）

事例B　日清食品

「総額88円で売れる商品を持ってこい」

「その条件なら，お取り扱いいただかなくて結構です」

　即席麺最大手，日清食品ホールディングス（HD）傘下の日清食品の営業担当者は，昨年9月の値上げ発表後から，地方のあるディスカウントチェーンの仕入れ担当者と販売価格を巡り火花を散らしていた。結局，その商談は決裂。商品は店頭から消えることになったが，日清はあくまで強気の姿勢を貫いた。

　同社は今年1月から，「カップヌードル」「チキンラーメン」など約250品目を値上げした。上げ幅は5〜8％で，通常のカップヌードル（77g）であれば希望小売価格が170円（税別）から180円（同）になる。円安で肉やエビなど具材原料の費用が上がり，2014年度は原材料費だけで約40億円のコスト増。「コスト削減には取り組んできたが，急激な円安で自前の努力だけではコストを吸収できない」（日清食品HDのA社長）とみて，2014年初頭から価格改定を検討していた。

　即席麺はスーパーなどで特売の目玉として扱われる。業界では卸値が90円の商品でも店頭売価が60円台という場合もあるほどで，値上げは容易ではない。それでも，商品への思い入れが強いA社長は「コストアップ分を価格に反映できないものはブランドではない」が口癖だ。トップの意向を受け，営業部隊は取引先を巻き込むべく作戦を練り上げてきた。

　「最近，原材料が上がって本当に大変なんです」「社内の雰囲気が悪くなっているんです」。昨年7月下旬から，小売り各社を訪れる日清の営業マンからは，そんな愚痴が聞かれるようになった。

　日常会話の中で自社の窮状を訴える「ぼやき」。この時点で，社内では既に9月

をメドに価格改定を発表することはほぼ決定済み。この「ぼやき」は，取引先の反応を探り，発表後の商談をスムーズに進めるための「下ネゴ」として，組織的に広げたものだった。8月末には全国の支店長を集め，具体的な交渉のシミュレーションも実施。B営業企画部長は「何となくでも『厳しそうだ』という理解を事前に浸透させることが重要だった」と明かす。

慎重さの背景には2008年の苦い経験がある。穀物相場の高騰を受け，同社は当時155円（税別）だったカップヌードルを170円（同）に値上げ。それと同時に小売りに対し，店頭売価の適正化も要請した。だが，価格決定権を手放すまいとする小売り各社は一斉に反発し，交渉は難航。価格の浸透に時間がかかる一方，値上げで印象が悪くなり客離れも招いた。結局，2009年3月期の業績は減収営業減益に沈んだ。

反省を生かし，「ここ7年間は常に店頭価格に気を配り，投げ売りが発生しないよう小売りとの関係をつくってきた」（B部長）。加えて今回は，値上げ発表直後に，主要取引先に営業部員が説明に出向く作戦に出た。

「行け！」

昨年9月29日午後3時の広報発表に合わせ，全営業部員にメールを一斉配信。午後3時ちょうどに取引先の玄関先で待っていた営業部員もいたという。一方，商談では冒頭のエピソードのように硬軟織り交ぜた対応で臨んだ。一部の小売りが極端な安売りをすれば，他の小売りが取引条件に関して日清に不信感を抱きかねないからだ。

こうした根回しの徹底が功を奏し，2015年1月上旬にはイオンやセブン＆アイ・ホールディングスなど大手が店頭価格を引き上げた。2月上旬にはほぼ全ての取引先で価格改定が浸透した。実際，カップヌードルの平均店頭売価（日清調べ）は2014年12月の128円から2015年1月に137円に上昇。即席麺全体の販売量も1～2月こそ前年を割ったものの，3月以降はプラスで推移している。

＊出所：日経ビジネス（2015年6月1日号，pp.50-51）より一部を抜粋，個人名を匿名化して掲載

【その他の事例】

● HOYA：日経ビジネス（1995年12月25日号，pp.29-32），または加登・李（2011年，pp.62-63）

■確認テスト

① 一般に，製品の価格は総原価に（　　　　　　　）をプラスしたものである。

② 原価をベースとした価格決定法には，総原価法，（　　　　　　　　），売上利益率法などがある。

③ 直接材料費以外の製造原価，すなわち直接労務費と（　　　　　　　　）の合計を加工費という。

④ 市場への参入を図ったり，既存市場でのマーケットシェアを高めるために低価格を設定する価格戦略を（　　　　　　　　）戦略という。

⑤ （　　　　　　　　）戦略とは，販売開始から短期間で希望利益を確保しようと，市場の利益をすくい上げるほど高価格を設定する価格戦略である。

■Exercises

K社の新製品に関する次の資料をもとに，下記の問いに答えなさい。

(単位：円)

	ペットロボット	スマートスピーカー
直接材料費	37,000	28,000
直接労務費	25,000	18,000
製造間接費	30,000	25,000
営業費	9,000	2,000
利　益	（　　　）	（　　　）
販売価格	（　　　）	（　　　）

(注)　表中の数値は1台当たりの金額である。

❶ 総原価法により，ペットロボットの利益と販売価格を求めなさい。ただし，マークアップ率は総原価の30%とします。

❷ 加工費法により，ペットロボットの利益と販売価格を求めなさい。ただし，マークアップ率は加工費の50%とします。

❸ 売上利益率法により，スマートスピーカーの利益と販売価格を求めなさい。ただし，マークアップ率（売上利益率）は価格の20%とします。

❹ 【事例A：ソニー・コンピュータエンタテインメント】において，同社がPS3の値下げを断行した理由は何ですか。

❺ 【事例 B：日清食品】において，同社はどのようにしてスムーズに即席麺の店頭価格を引き上げ，取引先に価格改定を浸透させましたか。

【ケース⑩】の答え

（1） ロボット掃除機　：①25,000円，②40,000円，③46,000円
　　　スーパーデジカメ：①12,000円，②21,000円，③23,000円

（2） ①10,000円，②56,000円

（3） ①5,750円，②28,750円

第11章

バランス・スコアカード

●学習ポイント●
❶ バランス・スコアカード（BSC）とは何かを学びます。
❷ バランス・スコアカードの特徴を理解します。
❸ バランス・スコアカード導入の効果を考えます。

◇ユタカ㈱は業界のリーディング・カンパニーを目指しています。そのため，絶えず革新的な製品を開発しマーケットに送り出す差別化戦略を採用しています。この度，戦略的マネジメント・システムとして，バランス・スコアカードを導入することになりました。そして，早速，当社のビジョン・戦略を実現するための「戦略目標」を設定し，戦略目標間の因果関係を考慮しながら次のような戦略マップを作成しました。

(1) 次の戦略マップの「視点」列にある2つの空欄を埋めなさい。

〈戦略マップ〉

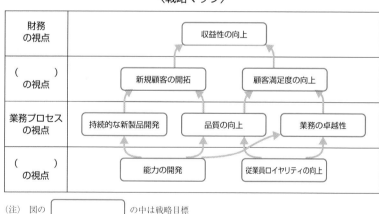

(注) 図の [　　　　　] の中は戦略目標

(2) 上記の戦略マップをもとに，次のバランス・スコアカードを完成させなさい。ただし，戦略目標の達成度を測定するための「成果尺度」と，その成果尺度の目標値を達成するために必要なアクション・プラ

ンを表す「実施項目」欄は，いずれも表の下のリストから選んで記入
すること。また，成果尺度の「目標値」欄には妥当と思われるレベル
の値を各自設定すること。

〈バランス・スコアカード〉

	戦略目標	成果尺度	目標値	実施項目
財務の視点	■		％	
顧客の視点	■ ■		％ 人/月	
業務プロセスの視点	■ ■ ■		％ ％以下 ％増	
学習と成長の視点	■ ■		時間/月 ％	

※成果尺度：新規顧客獲得数，新製品の割合，従業員研修時間，顧客満足度，ROI，不良品発生率，
　労働生産性向上率，従業員満足度
※実施項目：顧客サポートの徹底，新製品開発体制の確立，福利厚生制度の拡充，広告キャンペーン，
　品質管理システムの見直し，従業員教育の体系化，IT の積極的な活用

■解説

1 バランス・スコアカードとは何か

　バランス・スコアカード（Balanced Scorecard：BSC）とは，「バランスのとれた成績表」という意味です。これまで，予算に代表される従来の経営管理システムは財務的な視点にのみ焦点を合わせており，別の視点がシステム的に考慮されることはあまりありませんでした。その点，バランス・スコアカードは，財務的な視点を重視しながらも，非財務的な視点を取り込むことによって，バランスのとれた経営を志向する戦略的マネジメント・システムといえます。従来から重視されてきた「財務の視点」に加えて，新たに「顧客の視点」「業務プロセスの視点」「学習と成長の視点」を追加することでバランス・スコアカードの骨組みはできあがります（**図表1**）。

● 図表1　バランス・スコアカードの4つの視点

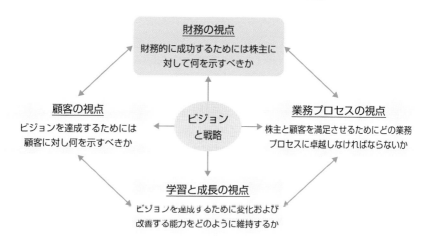

出所：R. S. キャプラン・D. P. ノートン著／鈴木一功訳（1997）「バランス・スコアカードによる戦略的マネジメントの構築」『DIAMONDハーバード・ビジネス』（FEBRUARY／MARCH），p.94に一部加筆・修正

このうち，業務プロセス（internal business process）の視点は「内部ビジネス・プロセス」の視点や「内部プロセス」の視点とも呼ばれています。なお，これら4つの視点はそれぞれ，株主（財務の視点），顧客（顧客の視点），経営管理者（業務プロセスの視点），従業員（学習と成長の視点）の立場を表していることに注目しましょう。

実際のバランス・スコアカードには，**図表1**の各視点それぞれにおいて，

● 図表2　バランス・スコアカード（一例）

視点	戦略目標	成果尺度	目標値	実施項目
財務	収益性の上昇	ROI	7%	
	売上の増加	売上高増加率	15%	
	新商品・新顧客による収益の増大	売上高に占める新規顧客/新商品の割合	10%	
	顧客価値の向上	顧客単価	10万円	
	経営効率の向上	売上高営業利益率	20%	
	資産効率の向上	固定資産回転率	0.8回	
顧客	顧客獲得	新商品導入件数	100件/月	マーチャンダイジングの強化
		新規顧客獲得数	70人/月	広告キャンペーン
	顧客維持	リピータ率	35%	ポイント制割引カードの導入
	サービスの質向上	苦情件数	95%減	接客マナーの徹底
	信頼のブランド	業界ランキング	1位	PRの徹底
業務プロセス	機会の認識	顧客情報にもとづく新商品の開発数	50件/月	バイヤー機能の強化
		新規店舗の増加	10件/月	商圏リサーチ
	高収益性顧客の増加	高収益性顧客の割合	20%	顧客セグメント別収益性分析
	顧客との関係構築	会員顧客の増加数	100人/月	CRMプログラムの導入
	迅速な商品提供	所要時間短縮率	30%	SCMシステムの導入
	販売コスト低減	活動基準原価	20%減	ABMによるムダ排除
	コンプライアンス	顧問弁護士相談件数	100件/月	リスク・マネジメント教育
学習と成長	顧客価値創造のスキル	専門知識を持つ従業員の割合	45%	資格取得助成制度
	情報システムの活用	資料のデータベース化率	95%	ペーパーレス運動
	知識共有の組織風土	従業員の提案件数	500件/月	懸賞制度

出所：小林啓孝・伊藤嘉博・清水孝・長谷川恵一（2017）『スタンダード管理会計（第2版）』東洋経済新報社，p.37

バランス・スコアカードとは何か

ビジョンや戦略から導かれた「戦略目標」を設定し，その戦略目標の達成度を測定するための「成果尺度（業績指標）」とその具体的な「目標値」，そして，目標値を達成するために行うべきアクション・プランとしての「戦略的実施項目」を設定することになります。したがって，戦略的実施項目は戦略を実行するための第1歩となる具体的な活動計画として位置づけられるでしょう。**図表2**は，このようにしてできあがったバランス・スコアカードの一例です。4つの視点と各視点における戦略目標，成果尺度（業績指標），目標値，戦略的実施項目の欄に具体的な指標や数値などが記入されています。

2　バランス・スコアカードの特徴

バランス・スコアカードにはいくつかのユニークな特徴があります。ここでは，それらの特徴をもう少し詳しく見てみましょう。

1　ビジョンや戦略から導かれる

まず，バランス・スコアカードの「戦略目標」や「成果尺度」は，財務的業績指標および非財務的業績指標をやみくもにかき集めたものではありません。企業のビジョンや戦略を，4つの視点から，具体的な戦略目標や成果尺度に落とし込んだものなのです。ビジョンや戦略は，それ自体では抽象度が高く，とりわけ中間管理職以下の従業員にはなかなか実践的な指針とはなりえません。しかしながら，実際に第一線で働いているのは中間管理職以下の従業員ですから，企業のビジョンや戦略の達成も概ね彼らの手に委ねられているといっても過言ではありません。

そこで，抽象度の高い企業のビジョンや戦略を，第一線の従業員にも理解できるような実践的な指針として示すことが必要なわけです。その際に考えられる視点が前述の4つの視点であり，その4つの視点に立って，ビジョン

や戦略を実践的な指針にまで落とし込んだものがバランス・スコアカードであるといえます。すなわち，あるビジョンや戦略を実現するために，財務の視点，顧客の視点，業務プロセスの視点，学習と成長の視点から，おのおのいかなる戦略目標と成果尺度が設定できるかを考え，戦略目標間の因果関係をも考慮しながら，ビジョンや戦略を具体的・実践的な戦略目標や成果尺度にまで落とし込んでいくのです。

● 図表3　ビジョン・戦略とバランス・スコアカード

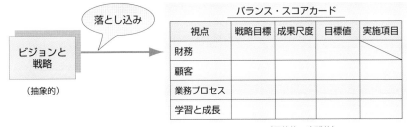

(具体的・実践的)

2　バランスを重視する

　既述のように，バランス・スコアカードは，ビジョンや戦略を，具体的な戦略目標や成果尺度（業績指標）に落とし込んだものです。「バランス」という言葉が示唆するように，バランス・スコアカードはいくつかの次元におけるバランスを重視しています。まずは従来の財務的業績指標重視に対し，非財務的業績指標を強調しているという意味でのバランスを挙げることができます。次は，株主や顧客と関連の深い外部的業績指標と，ビジネス・プロセスや学習と成長といった内部的業績指標とのバランスです。また，バランス・スコアカードの業績指標は，過去の努力結果を表す業績指標と，将来の業績向上を導く業績指標とのバランスをも表しています。さらに，客観的で定量化しやすい業績指標と何らかの主観的な判断を要する業績指標とのバランスや，短期的業績指標と長期的業績指標とのバランスも図られています（**図表4**）。それゆえ，バランス・スコアカードは指標管理システムであるともいわれています。

● 図表4　バランス・スコアカードにおけるさまざまなバランス

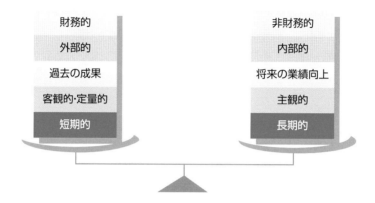

● 図表5　代表的な戦略目標と成果尺度の例示

視点	戦略目標	成果尺度 （業績指標）		目標値	実施項目
財務	収益性の向上 生産性の向上 経営効率の向上 資産の有効活用 売上高の増大 原価低減 株主価値の向上	投資利益率（ROI） 自己資本利益率（ROE） 総資産利益率（ROA） 総資産回転率 総資産回転期間 企業価値	売上高成長率 売上利益率 売上高 経常利益 EVA 残余利益	…	
顧客	顧客満足度の向上 顧客収益性の向上 新規顧客の開拓 顧客数の増加 新製品の浸透 顧客維持 カスタマーサポートの推進 サービスの質向上	顧客満足度 顧客別収益性 顧客定着率 リピート率 顧客ロイヤリティ 顧客獲得率 新規顧客の獲得数 新製品導入件数 新製品からの売上比率	クレーム発生件数 製品開発リードタイム 返品率 マーケットシェア 苦情件数 来客数 新規顧客収益割合	…	…
業務プロセス	製品の革新性 業務の革新 業務の卓越性 業務効率の向上 生産性の向上 安全性の向上 品質向上 社内コラボレーションの実現 迅速な商品提供	新製品導入率 新製品の割合 導入した新製品数 生産性向上率 労働生産性 特許権取得件数 製造原価率 不良品発生率 歩留率	サイクルタイム 納期遵守率 オンタイム・デリバリー 平均リードタイム 在庫回転率 返品の頻度 顧客対応時間	…	…
学習と成長	従業員の意識向上 従業員満足度の向上 従業員教育の充実 従業員の育成 能力の開発 製品開発能力の向上 専門知識の修得 適正な人材評価 情報システムの活用 知識共有の組織風土	従業員意識調査 従業員定着率 従業員満足度 従業員1人当たり付加価値 専門知識を持つ従業員割合 従業員の生産性 従業員1人当たり研修時間 資格保有率 従業員訓練費用 社内教育の回数	IT活用率 従業員の提案件数 離職率 従業員のPC保有率 特許取得件数 提案件数	…	…

図表5は，おのおのの視点から設定できる代表的な戦略目標と成果尺度を
リストアップしたものです。ただ，これらの項目はあくまでも例示に過ぎず，
各企業固有のビジョンや戦略を反映した企業特有の戦略目標とそれに対応し
た成果尺度が設定されることがより望ましいといえるでしょう。

3　因果関係を持つ

　バランス・スコアカードの4つの視点は，互いに独立したものではありま
せん。財務の視点を最重視しながら，他の3つの視点を因果関係を通じて財
務の視点に結びつけているのです。これをバランス・スコアカードにおける
縦の因果連鎖と呼びます。**図表6**をもとに，4つの視点の間の縦の因果連鎖
について見てみましょう。

● 図表6　バランス・スコアカードにおける因果関係

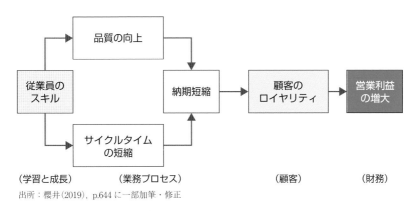

出所：櫻井(2019)，p.644に一部加筆・修正

　財務の視点の戦略目標として「営業利益の増大」が設定されている場合，
「顧客のロイヤリティ」（顧客の視点）を高めリピート客を増やすことで，売
上高を増やし結果的に営業利益の増大につなげることができます。顧客ロイ
ヤリティを高める方策の一つとして，顧客満足度の向上が挙げられます。顧
客満足度を向上させるには，提供する製品やサービスの「品質の向上」と
「サイクルタイムの短縮」，およびそれに伴う「納期短縮」（業務プロセスの
視点）などの業務プロセスの改善を図らなければなりません。そしてそれを

可能にするために，現場従業員を教育訓練し「従業員のスキルアップ」（学習と成長の視点）を図る必要があるでしょう。

このように，学習と成長の視点（従業員のスキルアップ）は業務プロセスの視点（品質の向上など）につながり，業務プロセスの視点はさらに顧客の視点（顧客のロイヤリティ）につながり，顧客の視点は最終的に財務の視点（営業利益の増大）へとつながるといった因果関係を設定することが，バランス・スコアカードの構築においては重要な意味を持つのです。

また，上記のような縦の因果連鎖に加え，「横の目的・手段関係」と呼ばれる関係の設定もバランス・スコアカードのもう一つの特徴といえます。バランス・スコアカードには，各視点ごとに，「戦略目標－成果尺度－目標値－戦略的実施項目」が設定されますが，この横の関係は目的・手段の関係を表しています。すなわち，戦略目標を達成するために成果尺度（目標値）をクリアしなければならず，それを可能にするためにアクション・プランとしての戦略的実施項目を実施する必要があるのです。あるいは，成果尺度の列の後ろに，「パフォーマンス・ドライバー」の列を追加し，横の因果関係をより明確に示すこともありますが，そのような場合，成果を生み出す要因としてのパフォーマンス・ドライバーは先行指標（leading indicators），パフォーマンス・ドライバーによって影響される成果尺度は遅行指標（lagging indicators）という位置づけとなります。

3　戦略マップとバランス・スコアカード

前節において，バランス・スコアカードの特徴の一つとして，4つの視点間の因果関係を挙げましたが，そのような因果関係を視覚的に示し，戦略を可視化したものが戦略マップです。戦略マップには，4つの視点において設定される「戦略目標」間の因果関係の図式化を通じて戦略達成のシナリオが

● 図表7　エーザイの戦略マップ

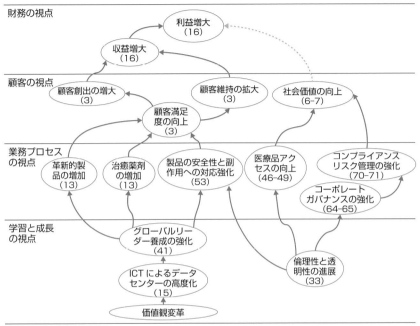

財務の視点

顧客の視点

業務プロセスの視点

学習と成長の視点

利益増大（16）
収益増大（16）
顧客創出の増大（3）
顧客維持の拡大（3）
社会価値の向上（6-7）
顧客満足度の向上（3）
革新的製品の増加（13）
治癒薬剤の増加（13）
製品の安全性と副作用への対応強化（53）
医療品アクセスの向上（46-49）
コンプライアンスリスク管理の強化（70-71）
コーポレートガバナンスの強化（64-65）
グローバルリーダー養成の強化（41）
ICT によるデータセンターの高度化（15）
価値観変革
倫理性と透明性の進展（33）

（注）（　）内はエーザイ株式会社「統合報告書2016」の頁数。
出所：櫻井・伊藤編（2017），p.201に一部加筆・修正

描かれます。戦略マップの一例として，**図表7**をご覧ください。

　バランス・スコアカードは，抽象度の高いビジョンや戦略を具体的な「戦略目標」や「成果尺度」に落とし込んだものといいましたが，4つの視点に落とし込まれた戦略目標が因果関係をもって結びついているのか，そしてその因果関係が途中で途切れることなく財務の視点の戦略目標にまでしっかりとつながっているのかというのは，バランス・スコアカード上では若干把握しにくいことがあります。その際，因果関係をもとに戦略マップを作成し，組織構成員に対し戦略達成の道筋を明らかにすることができれば，作成したバランス・スコアカードへの理解も深まり，組織構成員のベクトルを合わせることも容易になります。このように考えると，戦略マップはバランス・ス

コアカードを作成するためのベースを提供するものといえるでしょう。それゆえ，近年では，戦略マップと狭義のバランス・スコアカードの両者を包括してバランス・スコアカードと呼んでいます（小林ほか（2017），p.35）。

4　バランス・スコアカードのバリエーション

　以上，バランス・スコアカードの概要を説明しましたが，必ずしもバランス・スコアカードの視点を4つに限定する必要はありません。必要に応じて，別の視点を追加したり，他の視点と置き換えることも可能です。要は，それぞれの企業にとって，もっとも意味のある複数の視点でバランス・スコアカードを作成することができればよいでしょう。

　実際，環境経営のパイオニア企業として知られているリコーは，21世紀に社会から受け入れられる企業であるために環境保全活動は欠かせない使命と捉え，バランス・スコアカードに「環境の視点」という第5の視点を取り入れました。その結果，リコーのバランス・スコアカードは「財務の視点」「顧客の視点」「社内プロセスの視点」「組織能力向上の視点」「環境の視点」といった5つの視点から成り立っています（章末の事例A参照）。同社が「環境の視点」を取り入れたのは，環境経営を単なるスローガンに終わらせることなく，経営の実践課題としてそれを明確に意識するためだったと考えられます。同様に，宝酒造のバランス・スコアカードにおいても，「社会・環境行動の視点」を加えた5つの視点からバランス・スコアカードが作成されています（伊藤・清水・長谷川（2001），p.117）。

　次に，バランス・スコアカードの構成要素として，本章の説明では戦略目標，成果尺度（戦略目標の達成度を測る業績指標），目標値，戦略的実施項目（アクション・プラン）の4つの列を設けましたが，既述のように，成果尺度の先行指標として，「パフォーマンス・ドライバー」の列を追加するこ

ともあります。そのような場合，成果尺度は遅行指標という位置づけとなります。また，戦略マップとバランス・スコアカードを一体化した形で示すケースも見受けられます。

いずれにしても，企業あるいは SBU（戦略的ビジネスユニット）において明確なビジョンや戦略がなければ，有効なバランス・スコアカードは作成できません。というのも，バランス・スコアカードはビジョンや戦略を達成するために必要な一つのマネジメント・ツールに過ぎないからです。まずは明確なビジョンと戦略がバランス・スコアカードの前提といえるでしょう。

☆コラム　3つの異なる BSC☆

かつては，会計は会計情報のみに注目してきました。外部報告のための会計情報を取り扱うのが財務会計，経営意思決定に必要な会計情報を提供するのが管理会計だと理解してきたのです。ただ，この考え方を受け入れるとしても，外部報告されるのは会計情報だけではないですし，大切な意思決定を会計情報だけで行うのではないのです。ですから，会計情報に加えて非財務情報も含めた必要な情報を一元管理し，それらを有効活用することが大切といえます。たとえば，業績評価にあたっては，会計情報で表される目標の達成度のみならず，品質やスピードや「十分な気配り」なども含めた総合的な判断が必要となります。

さて，BSC は，複数の財務指標と非財務指標を併用することにより，業績評価だけでなく，経営戦略の作成（戦略マップ）や経営戦略と日々のオペレーションの架橋といった目的への利用が考えられています。実は，上述した順番で，BSC の適用範囲は拡大してきているのです。そのことの詳細は BSC の提唱者であるキャプランとノートンの本や論文で詳細に検討されています。時間がないので，私たちは，つい，紹介記事や要約などに頼りがちになりますが，大切なことを本当に理解するには「原典を読む」ことが極めて重要なのです。

Kaplan, R. S. and D. P. Norton（1992），"The Balanced Scorecard: Measures that Drive Performance," *Harvard Business Review*, January-February, pp. 71-79.（本田桂子訳（1992）「新しい経営指標 "バランスド・スコアカ

ード」『DIAMOND ハーバード・ビジネス：4－5月』，pp.81-90。）

Kaplan, R. S. and D. P. Norton（1996a），"Using the Balanced Scorecard as a Strategic Management System," *Harvard Business Review*, January-February, pp.75-85.（鈴木一功訳（1997）「バランス・スコアカードによる戦略的マネジメントの構築」『DIAMOND ハーバード・ビジネス：2－3月』，pp.92-105。）

Kaplan, R. S. and D. P. Norton（1996b），*The Balanced Scorecard: Translating Strategy into Action*, Boston MA: Harvard Business School Press.（吉川武男訳（1997）『バランス・スコアカード──新しい経営指標による企業変革』生産性出版。）

Kaplan, R. S. and D. P. Norton（2001），*The Strategy-Focused Organization: How Balanced Scorecard Companies Thrives in the New Business Environment*, Boston MA: Harvard Business School Press.（櫻井通晴監訳（2001）『キャプランとノートンの戦略的バランスト・スコアカード』東洋経済新報社。）

Kaplan, R. S. and D. P. Norton（2004），*Strategy Maps, Converting Intangible Assets into Tangible Outcomes*, Boston MA: Harvard Business School Press.（櫻井通晴・伊藤和憲・長谷川恵一訳（2014）『戦略マップ：復刻版──バランスト・スコアカードによる戦略策定・実行フレームワーク』東洋経済新報社。）

　なお，少し余談になりますが，BSC の B は Balanced という単語の頭文字です。多くの文献で，Balanced は「バランスト」と表記されることが多いようです。でも，そのように記憶していて，何かの機会に Balanced を「バランスト」と発音すると，欧米人は誰一人として理解できないでしょう。発音記号で書くと，[bǽlənst] となります。[t] は子音ですから，母音の「ト」でない。子音はローマ字表記できないので，聞こえる音に近いのは「バランスト」ではなく「バランス」なのです。Billy Joel という歌手がいますが，「ビリー・ジョエル」ではなく，「ビリー・ジョー」が英語の発音に近いのです。Wisconsin という州があります。発音，結構難しいのですが，「上杉謙信」と発音すると意外に通じるという笑い話もあります。

事例 A　リコー

　経営者が立派な経営計画を作っても現場の従業員が実行に移さなければ絵に描いたもちで終わってしまう。リコーはバランス・スコアカード（BSC）と呼ばれる管理手法を活用し問題克服を目指している。

　BSC 導入の理由は1990年代、期初の業績目標が達成できないケースが相次いだことだ。92年3月期に単独の営業損益が赤字になったことで様々な経営改革に取り組んだが、98年3月期からは2期連続で期初計画に対し実績が未達に終わってしまった。

　「全社の財務目標と事業部の管理指標がつながらずバラバラで動いていた」。総合経営企画室の大竹康幸氏は振り返る。こんな問題意識から BSC を応用、99年に導入したのが「戦略的目標管理制度」だ。

　まず年度初めに各事業部門が、全社の中期目標を実現するための重点施策を立案。さらに施策の達成状況を測定する具体的な評価指標にまで落とし込む。指標は「財務」「顧客」「社内プロセス」「組織能力向上」「環境」の5つの視点から約10項目。「製品の限界利益率を40％に上げるため設備の生産効率を1割向上させる」といった具合に、各指標と財務目標との関連性も盛り込む。

　評価指標は経営状態が実際の業績数値に反映される先行指標との位置付けだ。経営の"見える"化を進め、業績悪化の兆候があれば、期中に施策を見直す。報酬とも連動。年度が終了した5月に指標の達成状況を点数化し、管理職の賞与を7段階で動かす。一般従業員の目標とも結びつけ、結果を処遇に反映する。

　この結果、リコーの連結税引き前利益は2000年3月期から04年3月期まで五期連続で増益を達成。世界景気の拡大など追い風はあったが「全社の経営管理が底上げされてきた」（大竹氏）という。本体での定着を受けて、01年からは欧州、米州、中国、アジア太平洋の海外4地域の統括会社にも広げた。

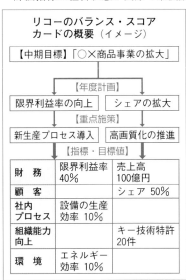

リコーのバランス・スコアカードの概要（イメージ）

もっとも弊害が目立った時期もある。「達成重視の指標設定となり業績目標と乖離（かいり）した」（桜井正光社長＝当時，現会長）。各部門が立案する重点施策の数が多すぎ，総花的な対策となった。05年3月期の税引き前利益は6期ぶりの減益に。06年3月期も増益は確保したが，当初計画を下回った。

反省を踏まえ07年に制度を再び見直した。従来は部門から提案していた重点施策を経営側から提示する方式に変更。テーマも経営陣が「会社の収益力向上にとって重要」と考える213項目に絞りこんだ。

足元では米国景気の減速などリコーの業績には逆風が強まる。8月には1,700億円超をかけた米大手販社買収も発表した。買収先を含めたBSC経営の進化によって今後の利益成長が決まる。（鈴木健二朗）

＊ケースの出所：日本経済新聞（2008年10月18日，朝刊14面）

事例B　NEC ソフト

NEC ソフトはバランス・スコアカード（BSC）と呼ぶ経営管理手法を本格導入した。BSC は財務や顧客戦略など4種類の業務の相関関係を図式化した上で，業務ごとに定量的な目標も設定（スコア化）し，その達成度合いを評価する。予算を達成したかどうかといった画一的な評価ではなく，総合的な業務評価が可能になるため本格導入に踏み切った。

BSC は米ハーバードビジネススクールの教授らが開発した手法で，日本では三菱東京 UFJ 銀行が導入しているがまだ少数にとどまる。NEC ソフトはこれまで，事業部長以上を対象に試験導入していたが，今回，適用範囲を約130人いる部長にも適用範囲を広げた。

BSC は各部署の業務戦略を「財務」「顧客」「社内プロセス」「学習と成長」の4種類に分類。事業部長や部長など各部署の責任者は，4種類の戦略の相関関係を図式化し，さらに4戦略それぞれの定量的な目標を設定してスコアカードに表示する。

NEC ソフトは図式化とスコアカード化を3つの期間に分けて作成した。5年単位の中期計画に沿った BSC と年度単位の BSC，年度下期の BSC をそれぞれ連携させて作る。

作成した BSC は上司長が承認する。事業本部長の場合は社長，事業部長は事業本部長，部長は事業部長がそれぞれ承認する。

今年度から BSC 作成を支援する BSC 推進役を約60人配置した。強化業務の優先順位を決めるため，BSC 作成時に事業部門と管理部門が話し合う「Valway ディスカッション」も設けた。

BSC は総合的な業務評価が可能なほか，作成時に所属部署の事業戦略を整理しやすい利点もあるため，NEC ソフトは業務戦略を効率的に設定できるようになるとみている。

＊ケース出所：日経産業新聞（2008年7月30日，29面）

【その他の事例】
● 日本フィリップス：伊藤・清水・長谷川（2001年，pp. 140-143），または加登・李（2011年，pp. 74-75）

■確認テスト

① バランス・スコアカード（BSC）では，これまでの財務的な視点に加え，新たに（　　　　　　　　　）な視点を取り入れている。

② バランス・スコアカードの4つの視点には，財務の視点，（　　　　　）の視点，業務プロセスの視点，学習と成長の視点が含まれる。

③ 4つの視点において設定された戦略目標間の因果関係を矢印などを用いて図式化し，戦略達成のシナリオを描いたチャートを（　　　　　　　　）と呼ぶ。

④ バランス・スコアカードにおける因果関係は，学習と成長の視点⇒業務プロセスの視点⇒（　　　　　　）の視点⇒財務の視点の順となるのが一般的である。

⑤ バランス・スコアカードは，4つの視点と各視点における戦略目標，（　　　　　　　　），目標値，戦略的実施項目の欄で構成されるのが一般的である。

■Exercises

ユタカ㈱は業界のリーディング・カンパニーを目指しています。そのため，絶えず革新的な製品を開発しマーケットに送り出す差別化戦略を採用しています。この度，戦略的マネジメント・システムとして，バランス・スコアカードを導入することになりました。

❶ 次のバランス・スコアカードの「戦略目標」欄を埋め，バランス・スコアカードを完成させなさい。ただし，「成果尺度」，「目標値」，「実施項目」の欄を参考に，4つの視点の戦略目標を表の下のリストから選ぶこと。

	戦略目標	成果尺度	目標値	実施項目
財務の視点	■	ROI	8%	
顧客の視点	■ ■	顧客満足度 新規顧客獲得数	90% 100人/月	顧客サポートの徹底 広告キャンペーン
業務プロセスの視点	■ ■ ■	新製品の割合 不良品発生率 労働生産性向上率	30% 3%以下 10%増	新製品開発体制の確立 品質管理システムの見直し ITの積極的な活用
学習と成長の視点	■ ■	従業員研修時間 従業員満足度	1人20時間/月 95%	従業員教育の体系化 福利厚生制度の拡充

※戦略目標：新規顧客の開拓，収益性の向上，持続的な新製品開発，従業員ロイヤリティの向上，品質の向上，顧客満足度の向上，業務の卓越性，能力の開発

❷ 上記のバランス・スコアカードをもとに，「戦略目標」間の因果関係を考慮しながら，次の戦略マップを作成しなさい。

〈戦略マップ〉

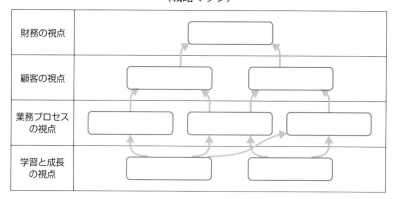

❸ 【事例A：リコー】において，(1)同社がバランス・スコアカード導入に踏み切った理由は何ですか。また，(2)同社のバランス・スコアカードは本文の中で説明した一般的

なバランス・スコアカードと若干異なっています。その違い（バリエーション）を指摘しなさい。

❹ 【事例 B：NEC ソフト】において，同社はバランス・スコアカードを導入することでどのような効果を期待していますか。

【ケース⑪】の答え
（1）顧客，学習と成長，
（2）省略（Exercises❶参照）

戦略的コントロール志向のコストマネジメント

戦略的コントロール
・ABC／ABM
・品質コストマネジメント
・制約条件の理論

戦略的プランニング
・原価企画
・環境コストマネジメント
・ライフサイクル・コスティング
・価格決定
・バランス・スコアカード

COST
MANAGEMENT

管理的コントロール
・業績評価
・在庫管理

管理的プランニング
・CVP 分析

第12章

ABC／ABM

●学習ポイント●

❶ 活動基準原価計算（ABC）とは何かを学びます。

❷ ABC と従来の原価計算手法との違いを理解します。

❸ ABC／ABM 導入の効果を考えます。

ケース ⑫

◇ユタカ㈱のパソコン事業部では,「Voice01」と「Voice02」の２種類
のパソコンを製造しています。販売価格は各々33万円と40万円です。
最近,製造間接費の配賦について,Voice01の製品マネジャーから不
満の声が出ています。「直接労務費」を基準に製造間接費を配賦する
これまでのやり方はVoice01にとって不利だというのです。次のデー
タをもとに,下記の問いに答えなさい。

〈原価データ〉

(単位：万円)

	Voice01	Voice02	合計
直接材料費	1,000	1,300	2,300
直接労務費	500	500	1,000
製造間接費	( )	( )	3,000
製造原価	( )	( )	6,300
生産台数	100台	100台	

(1) 直接労務費を配賦基準にする従来のやり方で,製造間接費を両製品
に配賦すると,Voice01とVoice02の製造間接費は各々いくらになり
ますか。

答え	□Voice01：	□Voice02：

(2) 両製品の製造原価を求めなさい。

答え	□Voice01：	□Voice02：

⑶　1台当たりの原価と販売価格の関係を図示し（第10章**図表1**参照），各製品から得られる1台当たりの利益額を求めなさい（営業費は両製品とも1台当たり1万円とする）。

答え	□Voice01：	□Voice02：

■解説

1 伝統的な原価計算

　製品を製造するためにはいろいろなコストがかかります。それらは，直接材料費，直接労務費，製造間接費の3つのカテゴリーに区分され，原価の3要素と呼ばれます。

　いま仮に，**図表1**のような2種類の製品を製造しているメーカーがあるとしましょう。このとき，両製品の原価はいくらになるでしょうか。これを計算するために，まず，製品Aの製造のために消費された直接材料費

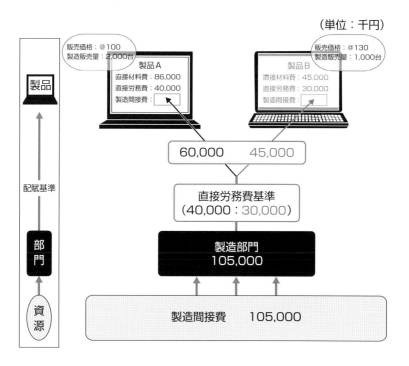

（86,000千円）と直接労務費（40,000千円）を製品Aに集計し，製品Bの製造のために消費された直接材料費（45,000千円）と直接労務費（30,000千円）を製品Bに集計します。すると，両製品の製造に共通に消費された製造間接費（105,000千円）だけが残るので，これを両製品にどのように配分するかが問題となります。

　まずは，伝統的方法による原価計算ロジックから見てみましょう。伝統的方法では，**図表1**のように，主として製造部門に製造間接費を集め，直接労務費などの基準によって各製品に割り振ることになります。これを「製造間接費の製品への配賦」といいます。この例では，製造部門に集められた105,000（千円）の製造間接費は，製品Aと製品Bの直接労務費の比率（40,000千円：30,000千円，すなわち4：3）によって，製品Aに60,000（千円），製品Bに45,000（千円）が配賦されます。その結果，両製品とも原価の3要素がすべて揃うことになり，**図表2**のように製造原価が求められます。

● 図表2　伝統的方法による原価計算（まとめ）

（単位：千円）

	製品A	製品B
直接材料費	86,000 （43）*	45,000 　（45）
直接労務費	40,000 （20）	30,000 　（30）
製造間接費（配賦）	60,000 （30）	45,000 　（45）
合計（製造原価）	186,000 （93）	120,000 （120）

* （　）内は1台当たりの原価

　しかしながら，時代の変化とともに，製造部門に集まった製造間接費を直接労務費などの割合で配分し，各々の製品に割り振るという伝統的な配賦方法の限界が認識されるようになりました。というのは，顧客のニーズが多様化してきた現代においては，そのニーズに対応するため多品種少量生産体制が主流となり，それに伴い，加工組立作業の大部分はメカトロニクス技術を駆使したマシニング・センターやロボットなどで行われ，人間は，機械では処理が難しい繊細な加工作業や人間の感覚が不可欠な高度な熟練作業に従事するだけという傾向が強まったからです。このような変化は，機械関連コス

トを大幅に増加させますが，機械関連コストは上記の分類からすると，直接材料費でもなければ直接労務費でもありません。すなわち，製造間接費に含まれるのです。

　一般的な傾向として，工場の機械化，自動化が進むと，従来ヒトの手に頼っていた作業の多くが機械による作業に取って代わられます。そうなると，人件費としての直接労務費は減少し，逆に製造間接費は増加することになります。製造間接費の総額が微々たるものである場合には，かなり大雑把な基準（たとえば，直接労務費，直接作業時間，機械運転時間など）によって製造間接費の総額を各々の製品に配賦しても，「製造原価＝直接材料費＋直接労務費＋製造間接費」によって求められる各製品の製造原価は大きく現実離れすることはありません。

　しかしながら，製造間接費の総額がかなり大きな金額になり，製造原価全体に占める製造間接費の割合が相対的に大きくなると，伝統的な配賦計算によって求められた製造原価は，各製品の真の製造原価を反映しない数値になってしまいます。そもそも，配賦を行うときに使用する基準（ここまでの説明では，直接労務費）と製造間接費の間には，因果関係は存在しないのです。そうした歪んだ製造原価の情報をもとに経営者が意思決定を行うことになれば，それはけっして正しい意思決定にはなりえません。むしろ経営を非常に深刻な状態に陥れる危険さえはらんでいるのです。

2　活動基準原価計算とは何か

　そこで，問題になっている製造間接費を製品ごとにいかに正確に計算できるかが大きな意味を持つことになります。常識的に考えても，さまざまな異質なコストを一つに集めた「製造間接費」を，一つの基準（たとえば，直接労務費基準）によって各製品に配賦し，当該製品の製造原価の計算に含める

ことには無理があります。だとすると，どうすれば製品ごとにより正確な製造間接費を求められるのでしょうか。

その答えの一つが，活動基準原価計算(Activity-Based Costing：ABC) といわれる方法です。これは，活動（Activity）をもとに（Based）原価を計算する（Costing）手法です。

ABC においては，製品を製造するにはさまざまな活動を行う必要があり，その活動を行うためには資源が消費されるという認識がベースとなっています。ですから，「活動」を媒介にして資源の消費（製造間接費）と製品とが結びつけられるのです。その結果，異質なコストの塊だった製造間接費は，活動ごとに小さな同質の塊に分解できるというわけです。仮に，製造間接費を発生させる活動として，機械加工，段取，組立，品質管理といった活動が行われた場合，製造間接費の製品への割り振りは**図表3**のようになるでしょ

● 図表3　ABC による原価計算

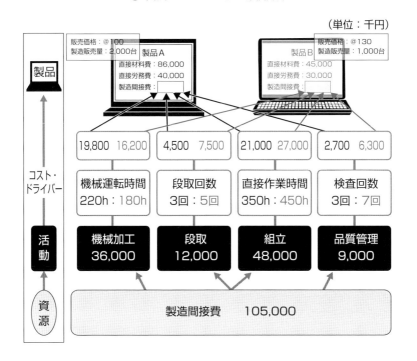

う（金額と数値はいずれも仮設例）。

　各々の活動のために消費された資源のコスト（つまり，製造間接費）は関連活動のもとに集めることができます。ここでは，機械加工活動に36,000（千円），段取活動に12,000（千円），組立活動に48,000（千円），品質管理活動に9,000（千円）の資源がそれぞれ消費されていることが分かります。

　こうして活動ごとに集計された活動コストは，次のステップとして製品に割り当てられます。繰り返しになりますが，活動が資源を消費し，製品がその活動を必要とするわけですから，各製品がおのおのの活動をどれだけ必要としたのかを考慮することによって，活動コストをかなり正確に製品に割り当てることができます。

　たとえば，品質管理活動のコストは，そのコストを引き起こす直接の原因となる「検査回数」を基準に2つの製品に割り当てることができます。上記の例では，製品Aの検査回数が3回で製品Bの検査回数が7回となっています。そこで，品質管理活動に消費された資源のコスト（9,000千円）を，3：7の比率で製品Aと製品Bに配分すればよいことになります。すなわち，9,000（千円）のうち2,700（千円）を製品Aに割り当て，残り6,300（千円）を製品Bに割り当てればよいのです。

　同様に，機械加工活動のコストは「機械運転時間」を基準に，段取活動のコストは「段取回数」を基準に，組立活動のコストは「直接作業時間」を基準に各製品に活動コストを割り当てることができます。なお，活動コストを製品に割り当てるために用いられるこれらの基準はコスト・ドライバーと呼ばれています（原価作用因ともいいます）。コスト・ドライバーは，関連する活動コストの増減と強い相関性を持つものである必要があります。

　図表3のデータをもとにABCにより両製品の製造原価を求めると，**図表4**のような結果が得られます。伝統的方法とはずいぶん結果が異なることに注目してください。その違いをもたらしているのは他でもない製造間接費の計算方法の相違なのです。

● 図表4　ABCによる原価計算（まとめ）

（単位：千円）

	製品A	製品B
直接材料費	86,000 (43)*	45,000 (45)
直接労務費	40,000 (20)	30,000 (30)
製造間接費	48,000 (24)**	57,000 (57)***
合計（製造原価）	174,000 (87)	132,000 (132)

* （　）内は1台当たりの原価
** 19,800 + 4,500 + 21,000 + 2,700 = 48,000
*** 16,200 + 7,500 + 27,000 + 6,300 = 57,000

3　伝統的方法と ABC の比較

　それでは，具体的に伝統的方法による計算結果とABCによる計算結果とを比較分析してみましょう。**図表1**や**図表3**からも分かるように，製品A1台当たりの販売価格は100（千円），製品B1台当たりの販売価格は130（千円）となっています。そこで，次のような対比が可能です。

● 図表5　伝統的方法と ABC の比較

（単位：千円）

	伝統的方法		ABC	
	製品A	製品B	製品A	製品B
販売価格	100	130	100	130
製造原価	93	120	87	132
利　益 （販売価格−製造原価）	7	10	13	▲2

（注）　表中の数値はすべて製品1台当たりの金額である。ただし，営業費は考慮しないことにする。

　伝統的方法によれば，製品Bのほうが利益が大きくなっています。これだけを見れば，どちらかといえば製品Bの製造販売に注力したほうが良さそうな気がします。しかしながら，ABCによる計算では，製品Aのほうが

はるかに利益の幅が大きく，製品Bは逆に損失を出していることが分かります。これまで，社内で優遇されてきた製品Bは，実は損失を生む製品であることが判明したのです。

　利益を稼いでいると思われた製品Bが実は損失を出しているという上記の結果は，経営者にとっては非常にショッキングなことですが，その原因は，伝統的方法における製造間接費の過小負担に他なりません。すなわち，本来製品Bが負担すべき製造間接費の一部を製品Aに肩代わりさせていたのです。製品Aが肩代わりしていた製造間接費の部分をABCによって本来負担すべき製品Bに戻したために，実は製品Bは赤字製品であるという現実が見えてきたわけです。この結果は，伝統的な製造原価の計算方法が，実は現実を反映せず，むしろ現実を隠したり歪める可能性があることを物語っています。

　いずれにしても，ABCのほうが現実により近い正確な原価計算ができるわけですから，上記の計算結果をもとに，経営者は販売価格や製品戦略の見直しをはじめとした何らかの思いきった対策を打たなければならないでしょう。

4　活動とコスト・ドライバー

　ABCでは，「活動（アクティビティ）」が中心的な役割を果たしています。前述の例では，4つの「活動」を用いていますが，他にも代表的な活動として**図表6**（上段）のようなものが挙げられます。ただ，これらの活動はかなり統合されたものであり，実際はこれらをさらに細分化し，サブ活動のレベルまで落として利用することになります。たとえば，購買という活動を例にとると，統合レベルを落とすことによって**図表6**（下段）のようにかなりの数のサブ活動に分解できます。

● 図表6　代表的な活動の例と活動の統合レベル

購　買	段　取	顧客注文処理	仕様変更
品質管理	材料搬出入	在庫管理	生産管理
メンテナンス	人　事	教育訓練	財　務
一般管理	安全管理	営　業	情報処理

高い統合レベル	中間レベルの統合	低い統合レベル
		供給市場の調査
		納入業者の調査
	納入業者との折衝	納入業者との交渉
購　買		納期の促進
		仕様書のチェック
	購買業務の事務処理	発　注
		検　収
		代金の支払

出所：吉川ほか（1994），pp.50-51に加筆・修正

　ABCによる原価計算の精度は，「活動（アクティビティ）」の数に大きく依存しています。活動の数を増やせばより精度の高いコスト情報が得られますが，同時にABCシステムの運用コストが増加します。ですから，ABCシステムに組み込む「活動」（サブ活動を含む）の数は，コスト情報の精度とシステムの経済性間のトレードオフ関係を十分考慮したうえで決めなければなりません。ABCシステムから得られるコスト情報の精度を高める必要がある場合には，システムに組み込む活動の数を増やすか，あるいは活動の統合レベルを落とし，多数のサブ活動を用いることが一つの方法として考えられます。反面，シンプルでコンパクトなABCシステムにしようとすれば，統合レベルの高い活動を採用するとよいでしょう。

　もっとも，活動の統合レベルを落とすことでサブ活動の数が増える分，それらのサブ活動に集計された活動コストを製品に割り当てるためのコスト・ドライバーの数も増えることになります。この関係は，上記の購買活動を例にとると，**図表7**のように表されます。

● 図表7　活動とコスト・ドライバー（購買活動の場合）

高い統合レベル	中間レベルの統合	低い統合レベル
購　買 （発注回数）	納入業者との折衝 （納入業者数）	供給市場の調査（納入業者数）
		納入業者の調査（納入業者数）
		納入業者との交渉（納入業者数）
		納期の促進（発注回数）
	購買業務の事務処理 （発注回数）	仕様書のチェック（製品点数）
		発　注（発注回数）
		検　収（発注回数）
		代金の支払（発注回数）

(注)　（　）内はコスト・ドライバーを示している。
出所：吉川ほか（1994），p.55に加筆・修正

5　ABC の広がり

　本来，製造間接費の正確な計算を目的に生まれた ABC ですが，その後多方面にわたってさまざまな広がりを見せるようになりました。もっとも著しい展開の一つは，ABC から ABM（Activity-Based Management）への拡張です。ABM とは読んで字のごとく，活動（Activity）にもとづいた（Based）マネジメント（Management）を意味します。すなわち，ABC を通じて獲得した情報を，原価低減やプロセス改善をはじめとする様々な経営の局面で活用するようになったのです。ABC では，製造間接費はそれぞれの製品に関連した「活動」の量に応じて割り当てられます。この点に着目すると，製造間接費の低減のためには，「活動」の量を減らすという方策が考えられます。また，「活動」単位当たりのコストの低減を図るという方法も有効でしょう。

　たとえば，段取活動に関連した製造間接費は段取回数というコスト・ドライバーを用いて製品ごとに割り当てられるので，段取回数を少なくすることでコストは節約できます。また，段取作業を効率的に行うことで，段取1回当たりのコストも低減できるわけです。

さらに，「活動」自体を様々な観点から分析し，経営の質を向上させることもABMの重要な機能です。代表的なものが，「活動」を顧客の立場から見て意味あるものとそうでないものとに区分する考え方です。言い換えると，顧客にとって価値のある付加価値活動と価値が認められない非付加価値活動を識別することです。非付加価値活動を経営からできる限り排除することができれば，排除された「活動」に関連したコストは発生しなくなるでしょう。

このように，ABCの広がりとしては，計算手法としてのABCからマネジメント手法としてのABMへの発展がもっとも著しいといえます。その一方で，ABCを活用して予算編成を行うABB（Activity-Based Budgeting）も注目されています。

いま一つの展開は，製造業に端を発したABCが非製造業にも応用されるようになったことです。とりわけ，サービス業へのABCの導入は，それまでコスト意識の乏しかったサービス業に大きなインパクトを与えています。ABCを導入することで，サービスを提供するために必要な活動が定義され，おのおのの活動ごとにコストが集計されるようになると，どこにどれだけのコストがかかっているかが一目瞭然となります。その結果，顧客ごとのコストもきめ細かく把握でき，「利益が大きいと思っていた顧客の中には，担当者が手間をかけすぎているなどムダなコストがかかっていた」というケースも少なからず見受けられます。

ABC／ABMは，製造業において効率経営を促し，リエンジニアリングを促進するための一つの強力な手段となっています。ましてや，効果的なコストマネジメントの手法を備えていない非製造業においては，コストマネジメントの代表的な手法として今後さらに普及していくことでしょう。

★コラム 配賦と直課★

ABC／ABM を製造間接費だけでなく，販売費・一般管理費にまで適用することで，セグメント別の営業利益まで把握する試みが大切だという指摘があります。実務では，粗利レベル（売上総利益）で製品やサービスの収益性が判断されることが多いようです。しかし，収益性の高い製品やサービスには，多額の販売費や一般管理費が投入されることが多く，これらの費用によって収益性が向上しているかどうかは明確でないことが多いのです。そこで，セグメント別に，販売費や一般管理費にまで ABC／ABM の適用範囲を拡大することが，経営意思決定に有用といえます。

直接費は，製品やサービスなどに直課します。一方，製造間接費は，これまで，多くの場合は操業度に関連する配賦基準を用いて配賦していました。ABC は，このような配賦計算が，製品やサービスの原価を歪ませることを確認したうえで，アクティビティ（活動）に着目して原価を「帰属」させることにしたのです。販売費・一般管理費は，多くの場合，製品やサービスごとに把握されることはなく，予算による管理が行われています。販売費・一般管理費にまで ABC／ABM を適用するという試みは，すなわちセグメント別の収益性の歪みを正そうとする試みといえます。

ABC／ABM を製造間接費だけにとどまらず販売費・一般管理費にまで拡張した企業のケースについては，学術研究雑誌である『原価計算研究』に掲載された論文で詳細に説明されています（加登豊・尾崎雄一郎（2019）「売上総利益に基づく経営判断の問題点とその克服―販売費・一般管理費への ABC 適用」『原価計算研究』43(1)，pp.45-56）。

事例 A　九州電力

九州電力は業務における1活動単位（プロセス）当たりにかかるコストを割り出し，無駄な業務や重複業務などを見直す抜本的な業務効率化に乗り出す。業務効率化手法のひとつである活動基準原価計算（ABC），活動基準経営管理（ABM）と呼ばれる手法を活用し，業務プロセスごとの労働コストを算出。人的資源を投入すべ

き業務か否かを判断し，業務またはプロセスの廃止，外部委託などの活用により，業務を効率化する。現在，同社の経営管理室主体で全社への適用を進めている。

　業務プロセスごとのコストは１分当たりの人件費，業務プロセス当たりの処理時間，年間の処理回数から割り出す。例えばある書類作成にかかる人件費単価が60円，処理時間が60分の業務プロセスを年間12回実施している場合，活動単位当たりのコストは４万円程度になる。従来は「人件費」など大枠でしかコストを把握できなかったが，業務の細かい活動内容や，１プロセス当たりの人件費，処理時間など細部まで把握できるため，コスト構造の透明性が高まり，改善の余地がある業務を見つけやすくなる。

　業務プロセスごとのコストを算出した後は，さまざまな効率化策により無駄な業務や重複業務などを見直す。具体的には業務のマニュアル化やアウトソーシング，従事者の変更，情報技術（IT）導入などにより，業務プロセスの見直しや人件費単価・処理時間の削減を図る。業務プロセスごとのコスト情報は2001年４月に試運用を開始した管理会計システムとも連携し，部門別売上高・費用から業務プロセスごとのコストまで明確に分かる体制を整える。現在の管理会計システムでは組織単位のコスト，利益管理はできるが，個々の業務プロセスのコスト把握ができないため，業務効率化に向けた情報が不足していた。

　九電は今年３月に新たな中期経営目標を設定し，経営効率化を推進している。ただ，需要の伸び悩みが予想される中，再度の料金値下げを実施するためには効率化の深掘りが求められている。このため同社は「改革の第２ステージに進む必要がある」（鎌田迪貞社長）と判断，新たな効率化策に着手しており，今回の新手法導入もその一環で取り組まれる。

【ABC・ABM】業務を各活動単位に分解し，単位ごとのコストを算出する手法がABC（Activity Based Costing），それをもとに業務を効率化し，サービス向上とコスト削減を両立させる手法がABM（Activity Based Management）と呼ばれている。ABCはABMを実現するための手段であり，最終目的はあくまで業務プロセスの改善にある。ABCは1980年代に競争力が低下した米国の製造業で導入され始め，赤字製品の切り捨てなどに活用された。90年代にはABCの情報が経営の意思決定に役立つことが認識され，ABMに発展した。こうした手法はすでにキリンビール，花王，コカコーラや多くの都市銀行などで導入されている。

＊ケースの出所：電気新聞（2002年12月20日付，１面）

東京都水道局と横浜市

「お役所仕事」からの脱却を目指し，自治体で ABC（活動基準原価計算）を活用する動きが広がっている。細分化した業務活動ごとにコスト（原価）を算出する手法だが，ムダが金銭で見える明快さが受け入れられているようだ。

東京都水道局は今年度から，ABC 手法をモデル導入する。「地震やテロに備えるなど継続的な投資が必要。料金水準を維持するには内部の効率化が不可欠だ」（総務部主計課の A 課長補佐）。

「施設費」「債務償還金」といった従来の費用項目を，「原水調達」から「料金徴収」までの活動別に振り分けた。2002年度決算による試算では，水道利用量の「検針」業務は 1 件当たり71円で済むのに対し，「受付・相談」業務は220円かかることが分かった。区部だけで29ある営業所にそれぞれ職員を置くため，全面的に外部委託する検針業務に比べ人件費負担が重い。問題は従来から認識されていたが，人件費は営業所の経費全体に含まれ，実態が見えにくかった。今回，営業所の経費を分類し，受付・相談業務だけを抽出した。

水道局は来年 1 月に，受付・相談に集中対応する「お客様センター」を稼動させる予定。「この施策の有効性が，ABC 手法によって定量的に確認できた」（A 課長補佐）。

一方，横浜市は B 市長が就任した2002年度から，内部改善のツールとして ABC 手法を採用。特に範囲を限定せず，現場からの問題提起に応じて分析している。平均賃金と業務時間から割り出す「人件費」と，外部委託費や光熱費など直接の出費を積算した「物件費」から費用を把握するのが共通ルールだが，その中身は現場によって異なる。このため，B 改革の実務を担う「エンジンルーム」の職員が現場に入り込んで業務の流れを把握する。

2003年度は15案件で分析を実施した。うち，各区にある福祉保健センターのホームヘルパー派遣業務については，「市民からの申請受理」「書類作成」など 7 つの活動に分解。書類作成のコストが全体の 2 〜 3 割を占めることが分かった。そこで，1 度の申請で可能な派遣期間を延長する，更新申請時の書類を簡素化するなど，書類作成の負荷を減らす方策を検討することになった。

ストップウォッチまで持ち出す民間製造業などの取り組みと比べれば，東京都や横浜市の活動分類やコスト計算はかなり大ざっぱだといえる。それでも，改善の必要性や問題の所在を職員に示すうえで，ABC 手法は効力を発揮しているようだ。

東京都水道局の ABC 分析の結果（2002年度実績）

業務活動	経費総額	年間活動件数	1件当たり コスト
検　針	53億7,600万円	約7,557万件	71円
料金収納	26億900万円	約7,557万件	35円
受付・相談	13億8,300万円	約630万件	220円

＊ケースの出所：日経情報ストラテジー（2004年10月号，p.169）より一部を抜粋，個人名を匿名化して掲載

【その他の事例】
● 富士銀行と NTT：日経産業新聞（1998年 1 月 7 日，22面），または加登・李（2011年，pp.90-91）

■確認テスト

① 製品を製造するためにはさまざまなコストがかかる。これらのコストは，直接材料費，直接労務費，（　　　　　　　　　）の 3 つに大別できる。ABC はこのうち，（　　　　　　　　）をより正確に計算するために提唱された手法である。

② 製造部門に集まった製造間接費を直接労務費などの割合で配分し，各々の製品に割り振ることを，製造間接費の製品への（　　　　　　　　）という。

③ 活動ごとに集計した活動コストを各製品に割り当てるための基準を（　　　　　　　　　　）という。あるいは「原価作用因」とも呼ばれている。

④ ABC では，（　　　　　）の数を増やせば精度の高い原価情報が得られる。しかし，同時に ABC システムの運用コストが増加する。このように，一方を良くすればもう片方が悪くなるような関係を（　　　　　　　　　）関係という。

⑤ ABC から得られたデータをもとに原価低減やプロセス改善などを図るマネジメント手法を（　　　　　　）という。

12

■Exercises

パソコン事業部では，活動基準原価計算（ABC）システムを採用しています。活動と
コスト・ドライバーに関する次のデータをもとに，下記の問いに答えなさい。

活　動 （コスト・プール）	コスト・ドライバー （割当基準）	製品モデル	
		Voice 01	Voice 02
機械加工	機械運転時間	120 時間	200 時間
組　立	直接作業時間	300 時間	500 時間
品質検査	品質検査回数	5 回	10 回

❶　次の表を完成させ，2つの製品モデルの製造原価を求めなさい。

（単位：万円）

	Voice 01	Voice 02	事業部合計
直接材料費	1,000	1,300	2,300
直接労務費	500	500	1,000
製造間接費：			
機械加工活動	（　　　）	（　　　）	800
組立活動	（　　　）	（　　　）	1,600
品質検査活動	（　　　）	（　　　）	600
製造原価	（　　　）	（　　　）	6,300
生産台数	100 台	100 台	

❷　「Voice 01」と「Voice 02」の販売単価が各々33万円と40万円の場合，各製品1台当た
りの利益を求めなさい（ただし，営業費は両製品とも1台当たり1万円とする）。

❸　冒頭のケース⑫の結果（伝統的な原価計算による）と上記 ABC の結果を比較・分析
しなさい。

❹　【事例 A：九州電力】において，同社は ABC／ABM を活用して業務効率化を進めて
いますが，業務効率化策として具体的にどのようなことを想定していますか。

❺　【事例 B：東京都水道局と横浜市】の中で，東京都水道局関係者は，「この施策の有
効性が ABC 手法によって定量的に確認できた」と述べています。⑴関係者のいう，
「この施策」とは具体的に何を指していますか。また，⑵その有効性が確認できたとい
えるのはなぜですか。

【ケース⑫】の答え

（1）Voice01：1,500万円，Voice02：1,500万円

（2）Voice01：3,000万円，Voice02：3,300万円

（3）Voice01：2万円，Voice02：6万円（ボックス図の図示は省略）

第13章

品質コストマネジメント

●学習ポイント●

❶ 品質コストとは何かを学びます。

❷ 品質コストマネジメントについて理解を深めます。

❸ 品質コストマネジメント導入の効果を考えます。

ケース⑬

◇ユタカ㈱では，原価管理活動の一環として品質コストマネジメント・システムを導入しており，品質と関連するコスト（品質コスト）を把握するために月次で品質コスト報告書を作成しています。

品質コスト報告書（10月）

（単位：万円）

カテゴリー	品質コストの内容	金 額	小 計
① 予防コスト	品質計画	100	（　　　）
	品質管理	200	
	品質訓練	70	
② 評価コスト	受入検査	400	（　　　）
	品質検査	230	
③ 内部失敗コスト	スクラップ	450	（　　　）
	補修作業	300	
④ 外部失敗コスト	顧客の苦情処理	200	（　　　）
	製品リコール	500	
総品質コスト			（　　　）
売上高			60,000
売上高に占める総品質コストの割合			（　　　）%

(1) 同社における，10月の総品質コストを求めなさい。

答え

(2) 売上高に占める総品質コストの割合は何％ですか。

答え

(3) 上記の品質コスト報告書（10月）をもとに，「伝統的な品質コストモデル」の立場から，総品質コストを削減するための対策を提案しなさい。

答え	

1 品質コストとは何か

　製品を製造するためには，いろいろなコストがかかります。それらは大きく，直接材料費，直接労務費，製造間接費といった3つのカテゴリーに分類できます。そのため，製品の製造原価は，「製造原価＝直接材料費＋直接労務費＋製造間接費」の算式で求められます。この算式で計算される製造原価には，製品の製造と関わるあらゆる費用項目が含まれています。たとえば，生産設備の保守，荷受検査，品質検査，再作業，補修，廃棄，テスト，等級づけなどのように，製品の品質と関わる活動に伴うさまざまなコストもここに含まれます。

　企業は，自らが作り出す製品の品質を一定の高い水準に保とうとします。機能的にいくら優れていても，あるいは値段がいくら安くても，品質の劣る製品であればけっして消費者に受け入れられることはありません。しかし，だからといって品質をどんどん高めていくことが望ましいとも限りません。品質向上にはコストが伴うからです。消費者にとっても過剰品質の製品を高く買うより適正品質の製品を手ごろな価格で買うほうがメリットが大きいのです。

　そのため，企業は品質と関連するコストが果たしてどの程度発生しているのか，また同一水準の品質を保ちながら品質関連コスト（以下，品質コストという）を引き下げることはできないかなどを検討することになります。製造原価の中にはすでに品質と関連するさまざまなコストが含まれています。そこで，製造原価の中から品質関連コストのみを取り出し，それに他の品質関連コスト，たとえば，製品開発段階での設計審査コスト，出荷前の不良品修理コスト，出荷後のリコールや訴訟費用などを含めると新たなコスト・プ

ールが作られます。これが総品質コストになります（**図表1**）。総品質コストは，一般に，予防コスト，評価コスト，内部失敗コスト，外部失敗コストといった4つのカテゴリーに分類されます。こうした品質コストの集計・分類は，品質コストのマネジメントにおいて不可欠のステップとなっています。

● 図表1　品質コストの集計と分類

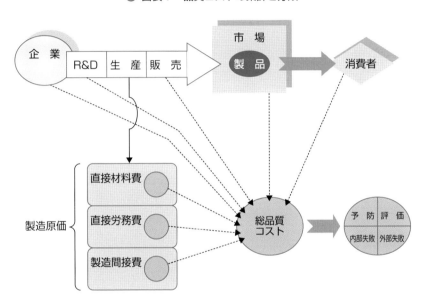

2　品質コストのマネジメント

　品質コストは大きく4つのカテゴリーに分類できると述べましたが，これら4つのカテゴリー間にはどんな関係があるのでしょうか。それを考察する前に，まず各カテゴリーについて見てみましょう（**図表2**）。

　品質コストは，PAFアプローチ（Prevention-Appraisal-Failure approach）に準拠し，品質問題の発生を防ぐための予防コスト（prevention costs），品

● 図表2　品質コストの基本的分類

カテゴリー	内　　容	例
予防コスト	品質問題の発生を防ぐために支出されるコスト	品質管理，工程管理，品質計画，品質訓練など
評価コスト	品質基準・機能要件への適合性を確保するために支出されるコスト	購入材料の受入検査，製品検査，作業者による点検，品質監査，出荷前の再試験・再検査など
内部失敗コスト	出荷される以前に発見された欠陥のために生じるコスト	スクラップ，再作業，材料の調達，工場との技術的交渉など
外部失敗コスト	出荷後に発見された欠陥のために生じるコスト	顧客の苦情処理，訴訟関連費用，製品サービスなど

出所：伊藤（1999），p.18に一部加筆・修正

質基準・機能要件への適合性確保のための評価コスト（appraisal costs），欠陥のために生じる失敗コスト（failure costs）の3つに分類されます。失敗コストはさらに，出荷される前に発見された欠陥のために生じるコストである内部失敗コストと，出荷後に発見された欠陥のために生じるコストである外部失敗コストに分かれます。そして，これら4つのカテゴリーのコストを合計したものが総品質コストになるわけです。すなわち，「総品質コスト＝予防コスト＋評価コスト＋内部失敗コスト＋外部失敗コスト」の算式によって品質コストは求められます。ただし，これらのカテゴリーの間にはトレードオフの関係が見られます。予防コストや評価コストは，ある意味で経営管理者の裁量によって支出されるものといえますが，この2つのコストを増やしていくと，内部失敗コストと外部失敗コストは減少していきます。「備えあれば憂いなし」といわれますが，事前に予防や評価を強化すれば失敗の確率は確実に低下するのです。

　こうした予防および評価コストと内部および外部失敗コストとのトレードオフ関係は，当初，**図表3**のように考えられてきました。この図からは，予防コストおよび評価コストの合計額と2つの失敗コストの合計額が均衡する品質レベルが最適品質水準になり，その品質レベルにおいて総品質コストが最小になることが分かります。経営者はこのレベルをターゲットとして品質計画を立案し，それを実践していけばよいことになります。

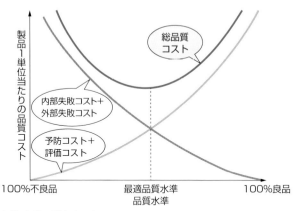

● 図表3 　伝統的な品質コストモデル

製品1単位当たりの品質コスト

総品質コスト

内部失敗コスト＋外部失敗コスト

予防コスト＋評価コスト

100%不良品　　　　　　最適品質水準　　　　　100%良品
　　　　　　　　　　　　　品質水準

出所：加登・梶原（2017），p.250

　ところが，その後の展開として，上記の伝統的モデルが継続的な品質改善を最優先課題とする TQM（Total Quality Management）の考え方に逆行するといった批判から，伝統的な品質コストモデルに代わって，**図表4**に示すような新たなモデルが提唱されるようになりました。この新しい品質コストモデルは，欠陥品ゼロ（ゼロ・ディフェクト）の状態になってこそ総品質コストは最小になるというメッセージを含んでおり，伝統的モデルとはかなり考え方が異なっています。そのため，どちらのモデルを経営の指針にするかによって，企業の品質コストマネジメントへの取り組み方には大きな違いが表れることが予想されます。

　もっとも，欧米企業では，製造工程で発生する一定の不良品を許容することを前提に，総品質コストを最小にする品質水準が最適品質水準であると考える傾向が強く，このような考え方を反映しているのが**図表3**の伝統的な品質コストモデルといえます。そこで，伝統的な品質コストモデルは「欧米企業の品質コストモデル」ともいわれています。反面，日本企業では，TQCや TQM などを通じた改善活動や不良品を生み出さないための予防活動が重視され，ゼロ・ディフェクトあるいは100%良品こそがベストな状態であるという考え方が一般的で，このような考え方を反映しているのが**図表4**の修

235

● 図表4　修正された品質コストモデル（ゼロ・ディフェクトモデル）

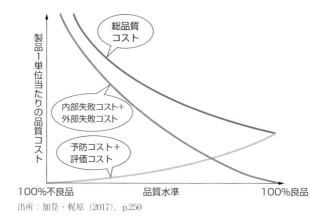

出所：加登・梶原（2017），p.250

正された品質コストモデルといえます。そこで，修正された品質コストモデルは「日本企業の品質コストモデル」ともいわれています（加登・梶原（2017），p.250）。

3　品質コストを報告する

　品質コストは具体的な数値で測定され，報告される必要があります。品質コスト報告書のフォーマットはとくに決まっているわけではありませんが，**図表5**のようなものが典型的とされています。

　品質コスト報告書は PAF アプローチに準拠した形で4つのカテゴリーに分かれており，おのおののカテゴリーごとに品質コストの項目が羅列されています。各項目に対して，当月のコストと年額を記載する欄が設けられており，予算と実績との差異も記入するようになっています。この報告書を見れば，当月の品質コストが各カテゴリーごとにどの程度発生しており，目標値としての予算をどの程度上回っているのかが一目瞭然に把握できます。この

● 図表5　品質コスト報告書の一例（月次報告）

（単位：＄）

カテゴリー	品質コストの内容	当月	年額	予算差異累計*
予防コスト	品質管理運営	15,000	60,000	(2,000)
	品質計画	8,000	20,000	8,000
	品質訓練	4,000	15,000	4,000
	品質改善プログラム	7,000	30,000	(10,000)
	小　計	34,000	125,000	－
評価コスト	検査・試験	45,000	235,000	(18,000)
	維持・計測	14,000	62,000	(4,000)
	外部検査委託	9,000	25,000	(3,000)
	品質検査	14,000	37,000	7,000
	小　計	82,000	359,000	(18,000)
内部失敗コスト	スクラップ	57,000	327,000	(45,000)
	補修作業	18,000	84,000	(19,000)
	ダウン時間	13,000	60,000	(25,000)
	再試験	23,000	95,000	(22,000)
	小　計	111,000	566,000	(111,000)
外部失敗コスト	欠陥保証	22,000	82,000	(6,000)
	製品リコール	－	15,000	(15,000)
	製造物責任	15,000	60,000	10,000
	修理・調整	35,000	122,000	(32,000)
	小　計	72,000	279,000	(43,000)
総　品　質　コ　ス　ト		299,000	1,329,000	(172,000)
諸基準	売上高	4,950,000	22,412,000	(1,372,000)
	直接作業時間	650,000時間	2,740,000時間	(226,000時間)
諸比率	直接労務費に対する内部失敗コスト比	$0.17/時間	$0.21/時間	－
	売上に対する総品質コスト比	6%	5.9%	－

*予算差異の（　）内は不利差異を表す。
出所：伊藤（1999），pp.22-23に一部加筆・修正

結果をもとに数値的データにもとづく品質管理を実践すればよいでしょう。

　品質に目を向けさせるには，まず品質そのものが見える形に変換される必要があります。たとえば，歩留まり率や不良率の把握によって品質をある程度定量的に把握することは可能ですが，それだけでは品質を確保することはできません。その点，コストを切り口にすれば，販売や開発部門など，組織内のすべてのセクションが同じ土俵の上で話ができるようになるのです（伊藤（1999），p.56）。

事例 A　NEC インフロンティア

　NEC インフロンティア（NEC─i）は製品の品質向上と顧客満足（CS）度を高めるモノづくり強化戦略の一環として，製品開発に伴う品質不良コストの削減に着手する。今年度上期に新製品の一部で初期不良など8億円の品質コストが発生するのを受け，全社横断型の品質対策の専門部隊「プロジェクトQ」を立ち上げ，9月から本格的な活動を始めた。

　設計，製造，営業，ソリューション，保守の5部門が，主力製品であるキーテレホン（ビジネスボタン電話）や販売時点情報管理（POS），ウェブ対応携帯情報端末（PDA），無線機器など5商品別に全プロセスを通して品質を高める上の問題点を洗い出す。

　縦串となる商品別に加えて，設計・製造・営業など共通の課題別に横串で課題を見直す計10のチームが目標を定め，12月末を期限に品質不良コストの削減に取り組む。

　プロジェクト責任者は熊谷瑛一取締役執行役員兼第二事業本部長が担当し，総勢で35人が参画する。これにより04年度上期の品質コストを03年度上期比で3分の1に削減する方針だ。

　同社は通期の当期黒字へ向け，技術生産部門から国内営業・マーケティング部門へ64人の移管を実施済み。国内営業の体制強化と，今下期に上期比で15億円強の開発費圧縮に着手した。

　「下期に残る生産部門をテコ入れする」（斉藤紀雄社長）方針の下，必要性に応じて社外に発注していた設計や生産の内製化率を高めるなどの施策に取り組む。同社ではこうした取り組みに加え，品質ロスを削減することで黒字化を確実にする。

＊ケースの出所：日刊工業新聞（2003年9月12日，7面）

事例 B　オムロン

　オムロンは，コンピュータ制御機器のトップメーカーであり，1988年から品質コストシステムを導入している。当該システムは，同社の三島および綾部事業所を中心とした CIM（Computer Integrated Manufacturing），すなわち製品開発から生産および販売までの全プロセスをコンピュータ・ネットワークを駆使して集中制御する生産システム構築の一環として整備された。この CIM 構築は，CIM-1，CIM-2および CIM-3の3段階に分けて実施されたが，その第1段階にあたる CIM-1（88

年から90年に実施）では，FA（Factory Automation）化の推進と生産管理などを支援する情報システムの構築が行われた。

同社の CIM 構築の主要な目的の一つは，品質管理体制の改善であった。CIM-1 はコストの面でも，投資費用の約65%が品質関連の情報システムの構築に費やされた。そこで，品質管理の成果ならびに CIM 投資そのものの効果を定量的に把握するうえからも，同社では品質コストの測定が不可欠とされたのである。もちろん，上記の投資は採算面からは十分にペイするものであった。

表 A から知れるように，オムロンでは品質コストを予防コスト（Prevention costs），評価コスト（Appraisal costs），失敗コスト（Failure costs）に三分して把握する PAF 法に準拠した形で品質コストの分類を行っている。ただし，同社における予防コストの大部分は，製品企画から設計までのプロセスにおけるさまざまな活動に

表A　オムロン社における品質コストの体系

区分	項　目	定　義
失敗コスト	クレーム対処 ［社外］	客先で発生した障害の状況および原因の確認から客先への報告までに要した費用，および処置対策に要した費用
	代品交換 ［社外］	既納入品が故障のため代品を客先に納入するための費用
	損害補償 ［社外］	品質不良により客先に対し，損害補償として支払われた費用
	部材・製品 ［社内］	品質不良により発生した部品，仕掛品，製品の廃棄金額
	手直し ［社内］	客先引渡し前の段階で不具合品の手直し，修正に要した費用
	購入品不良対処 ［社内］	受入品の不具合対処に要した費用
	技術変更 ［社内・外］	社内外にかかわらず品質不良により発生した設計変更および工程変更処理に伴う費用
評価コスト	検　査	検査の準備と実施に要した費用
	信頼性試験	量産試作試験，形式試験，信頼性試験などの製品の評価試験費用
	校正点検	設備，試験機，測定器および治工具の受入検査，定期検査，調整修理計測機の校正，基準器の検定試験に要した費用
予防コスト	品質計画	品質に関するプランおよびシステムを立案するための調査，折衝，立案審議と部門展開に要する費用
	品質技術	品質管理，品質統計，技術指導，支援，定期品質会議，および作業グループ小集団など各種改善活動の費用
	品質教育	品質に関する教育・訓練に要した費用
	デザインレビュー	商品開発段階におけるデザインレビュー（DR）の準備と開催およびフォローと対策に要した費用
	品質診断・監査	品質に関する診断・監査の準備と開催およびフォローと対策費用

関連したコストによって占められている。その点において，同社の品質コストシステムは，製造プロセスにおける品質（適合品質）の確保に関連した諸活動のコストと，当該活動の失敗に起因する損失の測定を任務としてきた伝統的な品質コストの枠組みとは対照的な特徴を有するといってもよいだろう。

　同社における品質コストの測定と報告は，月次を基本としている。同社のラインは，製品系列ごとに分化し，SBU（戦略的ビジネスユニット）として位置付けられている9つの統轄事業部により組織されるが，各SBUはさらにいくつかのBU（事業部）に分割されている。品質コストはまず，このSBUならびにBUごとに月次のトータル額および工場別のデータが集計され，本社の品質保証センターに報告される。品質保証センターでは，これらのデータを各品質コスト項目に分類し，BU，SBU単位および全社トータルのデータにまとめるとともに，品質革新活動の全社的な共通尺度とされる品質コスト率（品質コスト/生産金額）および失敗コスト率（失敗コスト/出荷高）等の追加データを加えて定期的に社長に報告する。さらに，かかる月次報告のほか，毎年1月には各SBUおよび品質保証センターにて年間実績を集計するとともに，この集計値をベースに次年度の目標（品質コスト予算）が設定され，当該目標は電子メール等を通じてBU長，SBU長，社長に報告される仕組みになっている。

＊ケースの出所：伊藤（1999年，pp.54-61）

■確認テスト

① 品質コストは，予防コスト，（　　　　　　　　　），失敗コストの3つに大別される。このように，品質コストを3つのカテゴリーに分類する方法は，各コストの英語の頭文字をとって，（　　　　　　　）アプローチと呼ばれている。

② 失敗コストはさらに，（　　　　　　）コストと（　　　　　　）コストに分けられる。

③ 品質計画や品質訓練のように，品質問題の発生を未然に防ぐために支出される品質コストは，3つのカテゴリーのうち（　　　　　）コストに分類される。

④ 製品出荷後に，製品の欠陥が原因で製品リコールが行われた場合，製品リコールにかかる費用は，（　　　　　　）コストに分類される。

⑤ 欧米では，確率的に数％の不良品はやむを得ないと考える傾向が強い。反面，日本では，不良品を（　　　　　）にすべきだと考える傾向が強い。

■Exercises

次に示す K 社の品質コスト報告書をもとに，以下の問いに答えなさい。

K 社の品質コスト報告書（6 月）

（単位：千円）

カテゴリー	項　目	金　額	小　計
① 予防コスト	（　　　）	（　　　）	2,700
	（　　　）	（　　　）	
	（　　　）	（　　　）	
② 評価コスト	（　　　）	（　　　）	（　　　）
	（　　　）	（　　　）	
③ 内部失敗コスト	（　　　）	（　　　）	（　　　）
	（　　　）	（　　　）	
④ 外部失敗コスト	（　　　）	（　　　）	5,700
	（　　　）	（　　　）	
	総品質コスト		（　　　）
	売上高		300,000
	売上高に占める総品質コストの割合		（　　　）%

---

6 月の実績

品質計画　800	受入検査　4,500	スクラップ　5,700
顧客の苦情処理　2,200	製品リコール　3,500	補修作業　1,800
品質検査　1,400	品質管理　1,500	品質訓練　400

---

❶　6 月の実績をもとに，上記の品質コスト報告書を完成させなさい。

❷　売上高に占める総品質コストの割合は何％ですか。

❸　「伝統的な品質コストモデル」を経営の指針とした場合，上記 K 社の品質コスト報告書（6 月）からは，総品質コストの削減のためにどのような対策が考えられますか。

❹　【事例 A：NEC インフロンティア】において，同社が立ち上げた「プロジェクト Q」に与えられた使命は何ですか。

❺　【事例 B：オムロン】における，品質コストの測定と月次報告の流れを簡単に説明しなさい。

【ケース⑬】の答え

（1） 2,450万円

（2） 4.08%

（3） 現状は，「①予防コスト＋②評価コスト」＜「③内部失敗コスト＋④外部失敗コスト」の状態にある。伝統的な品質コストモデルによれば，「①＋②」＝「③＋④」の状態が最適品質水準の状態なので，これを目標に，「①＋②」を増やすことで，「③＋④」の低減を図り，結果として総品質コストの削減を目指す。

第14章

制約条件の理論

○学習ポイント○

❶ ボトルネックについて考えます。

❷ 制約条件の理論（TOC）とは何かを学びます。

❸ TOC 導入の効果を考察します。

ケース⑭

◇ユタカ㈱の家電事業部では，製品Wの生産能力が需要に追いつかず，販売機会を逃すことによって機会費用を発生させています。このまま好況が続けば工場を拡張し生産能力を高める必要がありますが，その前に現状の設備で生産能力を高め，売上高の増大とコスト削減の同時達成を図る方法はないものかと検討を重ねてきました。そして，制約条件の理論（TOC）と呼ばれるマネジメント手法を導入することにしました。関連データは次のとおりです。

〈10月のデータ〉

(単位：万円)

売上高	18,000
生産・販売量	600台
販売単価	@30
直接材料費（売上高の30%）	5,400

(その他の情報)

- 1カ月間の生産・販売量は，30台／日×5日（1週間）×4週＝600台。
- 各工程の処理能力は，原材料 70，切削 60，加工 50，組立 30，塗装 60，検査 50。
- 本文中の工程1〜工程5は，切削・加工・組立・塗装・検査の各工程に対応している。
- 1カ月間の業務費用（直接材料費以外のすべての費用）は，12,000万円である。

(1) 上記のデータから10月のスループットと利益を求めなさい。

答え	□スループット：	□利益：

(2) ボトルネック工程はどの工程ですか。

	答え	

(3) ボトルネック工程の能力増強のために，ボトルネック工程において，遊休時間の削減，段取り替え時間の短縮，残業の利用などの方策を講じ，ボトルネック工程の処理能力を現状の1.5倍にまで引き上げることができました。処理能力引き上げ後のスループットと利益を求めなさい。ただし，ボトルネック工程の処理能力増強に伴う追加的な業務費用は，ボトルネック工程以外の工程の処理能力をボトルネック工程の処理能力まで落とす（同期化）ことで浮いた費用でほぼ賄われました（すなわち，追加の業務費用なし）。

答え	□スループット：	□利益：

14

1　ボトルネックとは何か

　制約条件の理論（Theory of Constraints：TOC）について考える前に，まず身近な例を取り上げ，ボトルネック（制約条件）の意味について考えてみましょう。

　最初は，鎖の強度が何によって決まるかという例です。下の鎖の図をご覧ください。一番真ん中の細い輪（3番）は今にも切れそうな弱いものです。それに比べるとそれ以外の1，2，4，5の輪はしっかりとしています。それでは，この鎖全体の強度はどうなのでしょうか。実は，もっとも弱い3番の輪がこの鎖全体の強度を決めているのです。それゆえ，1，2，4，5の輪がいくら丈夫でも，3の輪が弱い限り鎖全体の強度は強くなりません。さらにいえば，3の輪を今のままにしておいて，1，2，4，5の輪のいずれかをさらに丈夫なものにしても鎖全体の強度は上がらず，1，2，4，5の輪を丈夫なものにするための努力は全くの無駄であるといえるでしょう。3の輪の強度が増していかない限り鎖全体は強くはなりません。この場合，3番の輪が鎖全体のボトルネックであるといえます。

● 図表1　ボトルネックの例（1）

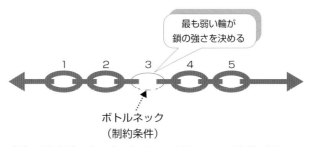

出所：日経ビジネス（1999年12月20日・27日号），p.46に一部加筆・修正

次は，高速道路の料金所を考えてみましょう（**図表2**）。ラッシュアワー時の高速道路では，料金所前で渋滞が発生することがよくあります。しかし，いったん料金所を通過し高速道路に進入するとスムーズに目的地まで走れるものです。この例では，料金所がボトルネックとなっています。本線のほうを4車線から6車線に拡張し，本線の流れをさらに円滑にしたところで，料金所前の待ち行列を減らすことはできないのです。もっとも，近年，無線通信により料金精算が可能なETC（電子料金収受システム）が普及することにより，高速道路に進入する車両が料金所をノンストップで通過できるようになったことで，料金所前のボトルネック現象はかなりの程度解消されました。

● 図表2　ボトルネックの例（2）

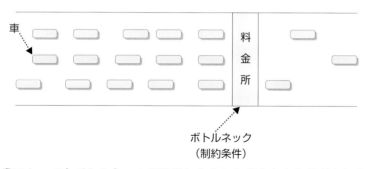

　企業においてもボトルネックが問題になることが少なからず存在します。ケース⑭のように，5つの作業工程を持つ企業の例を考えてみましょう（**図表3**）。先ほどの鎖の3番輪のように，工程3の処理能力は工程1，2，4，5に比べ格段に低い水準にあります。そのため，工程3は製造プロセス全体の足を引っ張る状況となっています。製造プロセス全体の処理能力は工程3に左右されているのです。この場合，どのような改善策が考えられるでしょうか。まず考えられるのは，ボトルネック自体を補強することです。先ほどの鎖の例では，3番の輪をより丈夫な輪に取り替えることが必要でした。高速道路の料金所の例では，料金所窓口を増設したり，ETCに切り替える方法がありました。同様に，製造プロセスの場合も，ボトルネックとなってい

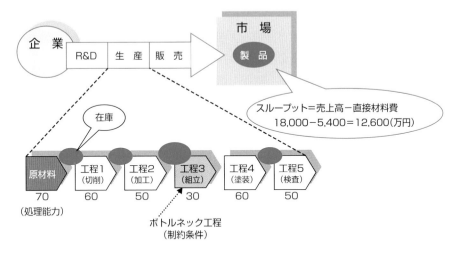

る工程3を見なおす必要があります。工程3の処理能力が上がらない限り，いくら工程1，2，4，5の処理能力を高めても工場全体の能力向上は望めません。各々の工程の能力向上は製造プロセス全体の能力向上に必ずしも結びつかないのです。

2　制約条件の理論とは何か

　制約条件の理論（TOC）は，①ボトルネック（制約条件）となっている工程を見つけ，②それをフル活用することによって，③在庫と業務費用（直接材料費以外の費用）の削減とともに，スループットの増大を目指す手法といえます。スループットとは，売上高から直接材料費を差し引いた部分を指しており，TOCにおいて最重要指標となっています。なお，TOCを実践する際には下記の5段階ステップを踏むことになります。

> ステップ1：ボトルネックを見つける。
> ステップ2：ボトルネックを徹底活用する。
> ステップ3：ボトルネック以外のすべてをボトルネックに従属させる。
> ステップ4：ボトルネックの能力を高める。
> ステップ5：ボトルネックが解消されたら，惰性を避けてステップ1
> 　　　　　 に戻る。

　図表4をご覧ください。この図は，**図表3**（ケース⑭）に TOC を適用したものです。ステップ1の「ボトルネックを見つける」ことはすでに説明しましたので，ここではステップ2以降の内容についてもう少し詳しく説明します。

　ボトルネック工程である工程3において，生産性向上活動を徹底的に行ったり，遊休時間の削減や段取り替え時間の短縮などを図ったりして，仮に当該工程（工程3）の処理能力を30から45に引き上げることができたとしましょう。それと同時に，他の工程をこのボトルネック工程に同期させるため，原材料の投入をはじめ，他の工程の処理能力をボトルネック工程の処理能力に合わせ45まで落とします。これを「同期化」といいますが，こうした同期化によって各工程の間の仕掛品（作業途中のもの）在庫は大幅に縮小されま

● 図表4　TOC による工程の見直し

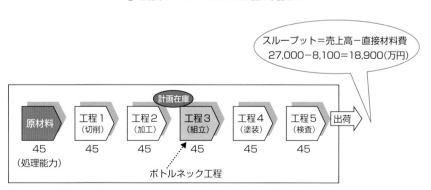

出所：日経ビジネス（1999年12月20日・27日号），p.48に一部加筆・修正

す。他工程の能力を下げることに現場管理者は異議を唱えるかも知れません。しかし、そうすることによって、工場全体の作業効率は確実に高まっていくのです。ただ、ボトルネック工程（工程3）の前には計画的に在庫を置き、前工程のトラブルで、ボトルネック工程が停止することがないように心掛けなければなりません。ケース⑭の例では、**図表3**と**図表4**の比較から分かるように、TOCによる工程の見直しの結果として、スループットは6,300（＝18,900－12,600）万円増加しています。

TOCでは、「部分最適の集合は全体最適にはならない」ことが強調されますが、これは、ボトルネック工程である工程3の抜本的な改善と結びつかない他工程の最適化は工場全体の最適化には貢献しないことを意味しています。TOCを適用し、ボトルネック工程の底上げを図ることで、企業の最重要目標としてのスループットを最大化しながら仕掛品在庫を抑え、全体のリードタイムを短縮することができるのです。

3　サプライチェーン・マネジメントとTOC

サプライチェーンは、部品・材料の調達→製品の製造→配送→販売といった一連のものの流れ全体を指します。この一連のものの流れを一元的に管理することで、最高の効率を追求しようという試みをサプライチェーン・マネジメント（SCM）と呼んでいます。SCMの目的は、製品の需要を的確に把握し、それに合わせて原材料調達から生産や物流、小売りに至るまで、製品を供給する「チェーン（鎖）」全体の無駄を省いて効率化することにあります。そのためには、同じチェーンでつながった複数の企業や組織が、「どのくらいの需要があるのか」「どこにどのくらいの在庫があるのか」といった情報を共有する必要があります。**図表5**と**図表6**は、従来のサプライチェーンと対比する形でSCMの考え方を図示したものです。前述の**図表4**が組織

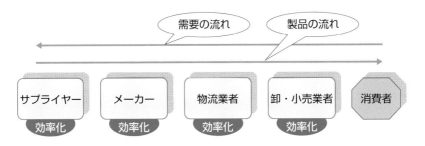

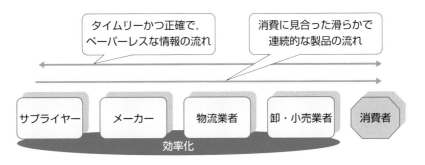

出所：SCM研究会編（1998），pp.18-19

内の製造プロセスの様子を表しているのに対し，**図表5**と**図表6**は組織外の
サプライチェーンを表していることに注目しましょう。

　従来，サプライヤー，メーカー，物流業者，卸・小売業者の各々が独自に
進めてきた効率化努力は，サプライチェーン全体を1つのビジネス・プロセ
スとして捉えると，必ずしも全体最適とはいえません（**図表5**）。部分最適
の集合が全体最適とはならないということがTOCの考え方から分かるので
す。TOCをベースに，サプライチェーンのどこにボトルネックが存在する
のかを見極め，そこを集中的に改善することができれば，サプライチェーン
全体の効率化が図られ，スループットの増加も大いに期待できるでしょう
（**図表6**）。そういった意味では，TOCはSCMを成功させるための一つの有

251

力な武器となっています。

事例 A　ヒーローライフカンパニー

　地場工務店などの全国1,000を超える加盟店を通じ，これまでに1,500棟・1万6,000戸あまりの建築実績を持つヒーローマンション。これをFC展開しているのが，ヒーローライフカンパニーだ。同社は，2005年4月の設立からわずか二期で年商20億円を超えた注目のベンチャー企業である。(中略) 生産工場の合理化のために，同社が取り組んでいるのが「制約条件の理論」(TOC) だ。

　TOCとは，イスラエルの物理学者エリヤコフ・ゴールドラット博士が提唱した，全体最適の視点から生産性を向上させていく手法。日本では2001年に『ザ・ゴール』(ダイヤモンド社) という書籍で紹介され一躍知られるようになった。同社は外部コンサルタントの力を借りながらこれに取り組んできている。

　同社のTOCによる改善活動で特に顕著な改善効果が見られたのは，水廻りユニットの製造ラインだった。TOCの概要とあわせて，実際の取り組みを見ていこう。

　TOCにおける「改善」とは，工場利益の改善を指す。改善手順は，まず一連の工程の中でもっとも生産能力の低い工程の抽出からスタート。この"もっとも生産能力の低い工程"を制約条件（ボトルネック）という。ボトルネックの工程は生産能力が低いため，前工程から流れてきた仕掛品在庫が増加する一方で，後工程にはアイドルタイムを発生させる。これによりラインの生産性は低下し，利益が食いつぶされていく。

　同社の水廻りユニット製造ラインにおける最初のボトルネックは，3ライン体制のレイアウトだった。「1本のラインより，3つのラインで並行してつくったほうが生産性は向上すると考えてそうしていた」(日崎社長) が，それぞれのラインの改善が進んでいない状況下では，単にムダが3倍になるだけで逆効果でしかない。そこでこれを1ラインへと統合する。

　そうした上で，次に各工程の生産能力をチェックし，再度ボトルネックを探し出していった。水廻りユニット製造の工程数は12あまり。それを一つひとつ，工具の歩数まで詳細に調べたという。

　ボトルネックが見つかったら，その能力を基準に全ての工程の生産能力を調整する。同社では生産性の高い工程の人員を減らし，その分をボトルネック工程に充当

するといったことを行った。これで仕掛品在庫やアイドルタイムの発生を抑え，ラインがスムーズに流れるようにしていった。結果，以前はユニット1個の生産に10人工を要したのが，現在は4人工にまで改善してきている。

また，継続することもTOC実践の重要なポイントだ。1つのボトルネックを改善しても，すぐに別のボトルネックが発生するからだ。この作業を繰り返していくことで，生産性はスパイラルアップしていく。もちろん同社も，改善活動を継続中である。

ここまでは水廻りユニットの製造ラインという現場レベルの改善活動だが，TOCは経営全体の最適化にも力を発揮する。同社では，自社のサプライチェーン全体の改善活動にも取り入れている。

同社が提供する建材は，基本的に受注生産になっている。一連のフローは，受注→設計→製造→在庫→納品。この中からボトルネックを抽出していった。

「最初に見つかったボトルネックは設計の部分でした。建設業界ではよく設計変更が発生します。これを見込んで当社ではあらかじめ長めに設計期間をとっていました。これが大きなボトルネックとなっていたんです」（日崎社長）。

設計期間というボトルネックを発見した日崎社長は，その短縮化のため，加盟店からヒアリングを行い設計変更のタイミングや内容などの分析を行う。そうしてそこかしこに散在していた小さな阻害要因を，一つひとつ潰していく。これによって受注から納品までの期間を従来の50日から30日までに縮めることに成功した。

最後に日崎社長は，TOCを導入し成果を生むためには，社員の意識改革が必要だと強調する。

「『あなたの工程がボトルネックだから明日から別工程に移ってください』と唐突に言っても従業員から反発されるだけでしょう。TOC導入においては，従業員全員で全体最適の考え方を理解する必要があるのです。当社では毎月第三土曜日にすべての作業を中止して全員で勉強会を行っています」

実際に改善を行うのは各現場の従業員。それだけに意識の共有化が欠かせないということである。

＊ケースの出所：TKC「戦略経営者」（2007年1月号，pp.28-29）より転載

NEC 山梨

　光通信用モジュールなどを製造する山梨日本電気（NEC 山梨）は，TOC（Theory of Constraints；制約条件の理論）という手法を使い，製造に関するサプライチェーン全体のリードタイムをほぼ半減させることに成功した。TOC とは，「業務プロセスを整理したモデルを作り，その中にあるボトルネック（制約）を探し出し，そこを集中的に改善すれば，業務プロセス全体のアウトプットが向上する」という考え方だ。「コンセプトが単純な分，改革を推進しやすく相当な効果が期待できる」（森本芳隆取締役大月工場長）。

　NEC 山梨が TOC に取り組み始めたのは1997年。初めは同社の大月工場内の製造リードタイムを半分に短縮することが目標だった。NEC 山梨は，製造プロセスを調べ上げ，モノの動きや各工程ごとの生産能力などを詳細に分析した。その結果，例えば電気信号と光信号を相互に変換する光インターフェース・モジュールの製造プロセスで，「仕掛品を次の製造工程に投入するまでの'待ち時間'が，製造リードタイムの全体の40％を占め，ボトルネックになっていることが分かった」（森本取締役）。それに起因して仕掛かり在庫も積み上がっていた。

　NEC 山梨の改善策は，待ち時間が発生している3つの組み立て・試験工程について，それぞれの工程の処理能力をバランスさせること，さらに3つの工程を連続した1つの工程に結合することだった。他の改善の成果も合わせると，3年間で製造リードタイムを60％も短縮できた。

TOC 活動の成果

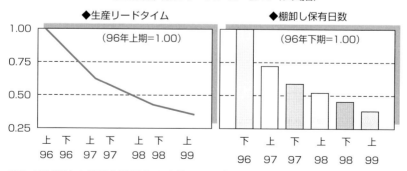

（NEC山梨，光インターフェース・モジュールの場合）

出所：日経ビジネス（1999年12月20日・27日号，pp.42-43）

　大月工場の成果をサプライチェーン全体に広げようと，NEC 山梨は1999年から取引先も含めて同様の取り組みを始めた。ボトルネックとして注目したのは，工場間で部品を輸送する前後に発生する，倉庫での滞留時間だった。これを削減するために，同社は「製造 to 製造」と呼ぶ部品の輸送プロセスを考え出した。完成した部品を倉庫に入れず，大月工場の製造現場から直接トラックに積み込み，そのまま次の工場の製造現場に届ける方法だ。

　さらに，別の工夫も凝らした。従来は，顧客の注文に合わせて必要な部品をすべてそろえてから組立工場に輸送していた。これを小さな単位で小刻みに輸送する方法に変えた。部品の全量が製造できていなくても，次の組み立て工程を開始できるようになる。輸送がやや面倒になるものの，リードタイムの短縮メリットのほうが大きいと判断した。一連の取り組みにより，サプライチェーン全体での製造リードタイムは大幅に短縮した。波長多重伝送システムの場合，「1996年6月に55日間だったリードタイムを1999年12月には23日間にまで半減させることができた」（森本取締役）。

＊ケースの出所：日経コンピュータ（2000年3月13日号，pp. 150–151）

【その他の事例】
- シャープ：日本経済新聞（2001年6月20日，11面），または加登・李（2011年，pp. 120–121）
- ハウス食品：日経産業新聞（2007年3月19日，19面），または加登・李（2011年，pp. 128–129）

■確認テスト

① 制約条件の理論（TOC）は，（　　　　　　　　　　　　　）（すなわち，制約条件）となっている工程を見つけ，それをフル活用することで，在庫と業務費用を削減し，スループットを高めることを目指す手法である。

② スループットは，売上高から（　　　　　　　　　　）を差し引いて求めることができる。

③ TOC では，部分最適の集合が（　　　　　　　　）とはならない点が強調される。

④　ボトルネック工程の処理能力に合わせ，原材料投入や他の工程の処理能力を落とすことを（　　　　　　　）という。

⑤　企業の壁を越えて，サプライヤー，メーカー，物流業者，卸・小売業者をも巻き込んだサプライチェーン全体の効率化を図るマネジメント努力を（　　　　　　　　　　　　），あるいは英語の頭文字をとって SCM という。

■Exercises

　京都工場では，打ち抜き，プレス，組立，塗装からなる4つの工程で製品Zを製造しています。関連データは下表のとおりで，この工場で生産する製品Zに対する市場の需要は月10,000個となっています。

〈10月のデータ〉

販売価格	7,000円／個
直接材料費	3,000円／個
業務費用（月）	29,000,000円

　　(注)　各工程の月間生産能力は，抜き打ち工程11,000個，プレス工程9,500個，組立工程10,000個，塗装工程10,500個。業務費用は，直接材料費以外のすべての費用である。

❶　ボトルネック工程はどの工程ですか。

❷　上記のデータにもとづき，スループットと利益を求めなさい。

❸　2名の作業員をボトルネック工程に常駐させ，機械の段取り替えの迅速化を図ることを検討中です。この対策によって業務費用は月600,000円増えますが，段取り替え時間が短縮されることでボトルネック工程の生産能力が月500個増加すると予想されます。この対策を実施した場合，スループットと利益は各々いくら増加しますか。

❹　【事例A：ヒーローライフカンパニー】において，同社が見つけたボトルネックを2つ指摘し，各々のボトルネックがどのように解消されたかを説明しなさい。

❺　【事例B：NEC山梨】において，(1)同社の大月工場内でのボトルネックは何でしたか。また，(2)サプライチェーン全体では，何がボトルネックとなっていましたか。

【ケース⑭】の答え

（1） スループット：12,600万円，利益：600万円

（2） 組立工程

（3） スループット：18,900万円，利益：6,900万円

コストマネジメントの
パフォーマンス

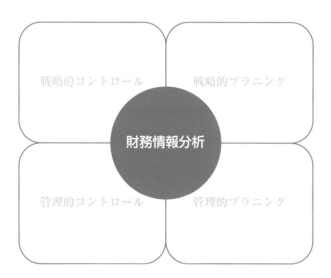

第15章

財務情報分析

◯学習ポイント◯

❶ 財務諸表による財務情報分析について理解を深めます。

❷ 安全性の指標について考えます。

❸ 収益性の指標について考えます。

ケース⑮

◇ユタカ㈱の今期の財務諸表は次のとおりです。貸借対照表と損益計
　算書にまとめられた金額は，コストマネジメントをはじめとするさま
　ざまな経営管理活動の成果といえます。資料をもとに，下記の問いに
　答えなさい。

貸借対照表
（令和X3年3月31日現在）

（単位：千円）

科目	金額	科目	金額
（資産の部）		（負債の部）	
流動資産	800,000	流動負債	450,000
現金及び預金	210,000	買掛金	220,000
売掛金	100,000	短期借入金	80,000
有価証券	230,000	未払費用	150,000
商品及び製品	150,000	固定負債	110,000
前払費用	30,000	社債	30,000
短期貸付金	70,000	長期借入金	80,000
その他	10,000	負債合計	560,000
固定資産	1,000,000	（純資産の部）	
有形固定資産	150,000	株主資本	1,100,000
建物	65,000	資本金	70,000
車両運搬具	5,000	資本剰余金	80,000
土地	80,000	資本準備金	80,000
無形固定資産	200,000	利益剰余金	1,150,000
借地権	60,000	利益準備金	20,000
ソフトウェア	140,000	その他利益剰余金	1,130,000
投資その他の資産	650,000	自己株式	△200,000
投資有価証券	500,000	評価・換算差額等	140,000
関係会社株式	150,000	純資産合計	1,240,000
資産合計	1,800,000	負債・純資産合計	1,800,000

※前期末の総資産は 1,700,000

損益計算書
（令和X2年4月1日からX3年3月31日まで）

（単位：千円）

科目	金額	
売上高		1,220,000
売上原価		960,000
売上総利益		260,000
販売費及び一般管理費		140,000
営業利益		120,000
営業外収益		103,000
受取利息	9,000	
受取配当金	80,000	
その他	14,000	
営業外費用		4,000
支払利息	500	
その他	3,500	
経常利益		219,000
特別利益		3,000
特別損失		1,000
税引前当期純利益		221,000
法人税，住民税及び事業税		40,500
法人税等調整額		△2,500
当期純利益		183,000

※前期末の純資産は 1,160,000

(1) 安全性指標としての流動比率と自己資本比率を求めなさい（％）。

答え	□流動比率＝	□自己資本比率＝

(2) 収益性を表す ROE（自己資本利益率）と ROA（総資産経常利益
　率）を求めなさい（％）。ただし，自己資本と総資産は期中平均値を

用いること。

答え	□ROE＝	□ROA＝

(3) 上記4つの指標をもとに，ユタカ㈱の収益性と安全性を評価しなさい。

答え	

1 財務情報分析の意義

　会計の領域は大きく管理会計と財務会計に分かれます。両者は，利益を生み出すプロセスに働きかける管理会計と，そのようなマネジメント努力の結果を財務諸表にまとめ利害関係者に報告する財務会計，といった関係にあるといえるでしょう。本書で取り上げたトピックスはいずれも管理会計の領域に属するものとなっています。管理会計は，「売上高－費用＝利益」の算式を中心的な拠り所とし，利益を確保するためにいかに売上高を増やし費用を減らすかにフォーカスを合わせています。期中に実践したコストマネジメントをはじめとする数々の経営管理活動の成果は，期末時点の財務諸表の数値として表れることになります。そのため，財務諸表を分析することによって，期中におけるマネジメント努力の成果の良し悪しをかなりの程度評価することができるのです。

　財務諸表を分析することによって，当該企業の収益性，安全性，成長性，生産性などさまざまな側面を評価することができますが，本章では，とりわけ収益性と安全性に注目し，期中におけるマネジメント努力の成果を評価することにしましょう。

2 収益性の評価

　本書において繰り返し登場した「売上高－費用＝利益」の算式は，非常にシンプルなものでありながら企業経営の目的そのものを見事に表しています。

すなわち，利益を出すことが企業経営における至上課題というわけです。そのため，利益を出す力（すなわち，収益性）があるか否か，あるいは利益を出す力がどの程度かというのは，株主や債権者といった外部の利害関係者のみならず，マネジメントの成果が問われる経営管理者にとっても大きな関心事とならざるをえません。収益性を評価する指標としては，総資産経常利益率（ROA）と自己資本利益率（ROE）が広く知られています。

1　総資産経常利益率

　収益性の分析には，貸借対照表と損益計算書が必要となります。冒頭の「ケース⑮」の資料をもとに総資産経常利益率（Return on Assets：ROA）を求めてみましょう。ケース⑮の貸借対照表と損益計算書を**図表1**のように単純化するとより理解しやすくなります。

　ROAは，総資産（資産合計）に占める経常利益の割合，すなわち，総資産を使って経常利益をどれだけ稼いだかを示す指標であり，下記の式によって求めることができます。一つ注意すべき点は，分子の経常利益が年間を通じた期間累計額なので，それに対応する分母の総資産も期中平均値を用いる必要があることです。そこで，当期の期首金額（すなわち，前期末の金額）と当期の期末金額を合計して2で割り期中平均を出しましょう。ただし，前期末の総資産額が入手できない場合は，期中平均の代わりに，簡便法として，単に当期末の総資産額を分母に用いることも可能です。

$$\text{ROA} = \frac{\text{図表1の\textcircled{B}}}{\text{図表1の\textcircled{A}}} \times 100 = \frac{\text{経常利益}}{\text{総資産（期中平均）}} \times 100 = \frac{219{,}000}{1{,}750{,}000} \times 100 \fallingdotseq 12.51\%$$

期中平均＝(1,700,000＋1,800,000)÷2

　ケース⑮の例では，ROAが12.51%であることが分かります。すなわち，総資産（期中平均）1,750,000（千円）を使ってそれの12.51%に当たる219,000（千円）の経常利益を得たのです。ROAが高いか低いかという基準は，業界によっても異なるため，一概にその基準を示すことは難しいのです

収益性の評価

が，目安になる数値は，8％とも10％ともいわれています。上記の12.51％のROAはかなり高いレベルであるといえます。分子の経常利益は経営者にとって重要性の高い利益であるため，それを総資産で割って算出されるROAは経営者にとってとりわけ重要な収益性指標といえるでしょう。

● 図表1　総資産と経常利益

貸借対照表
（令和X3年3月31日現在）

（単位：千円）

科目	金額	科目	金額
（資産の部）		（負債の部）	
流動資産	800,000	流動負債	450,000
現金及び預金	210,000	買掛金	220,000
売掛金	100,000	短期借入金	80,000
有価証券	230,000	未払費用	150,000
商品及び製品	150,000	固定負債	110,000
前払費用	30,000	社債	30,000
短期貸付金	70,000	長期借入金	80,000
その他	10,000	負債合計	560,000
固定資産 Ⓐ	1,000,000	（純資産の部）	
有形固定資産	150,000	株主資本	1,100,000
建物 Assets	65,000	資本金	70,000
車両運搬具	5,000	資本剰余金	80,000
土地	80,000	資本準備金	80,000
無形固定資産	200,000	利益剰余金	1,150,000
借地権	60,000	利益準備金	20,000
ソフトウェア	140,000	その他利益剰余金	1,130,000
投資その他の資産	650,000	自己株式	△200,000
投資有価証券	500,000	評価・換算差額等	140,000
関係会社株式	150,000	純資産合計	1,240,000
資産合計	1,800,000	負債・純資産合計	1,800,000

※前期末の総資産は1,700,000　　※前期末の純資産は1,160,000

損益計算書
（令和X2年4月1日からX3年3月31日まで）

（単位：千円）

科目		金額
売上高		1,220,000
売上原価		960,000
売上総利益		260,000
販売費及び一般管理費		140,000
営業利益		120,000
営業外収益		103,000
受取利息	9,000	
受取配当金	80,000	
その他	14,000	
営業外費用		4,000
支払利息	500	
その他	3,500	
経常利益 Ⓑ Return		219,000
特別利益		3,000
特別損失		1,000
税引前当期純利益		221,000
法人税，住民税及び事業税		40,500
法人税等調整額		△2,500
当期純利益		183,000

Ⓐ総資産

1,800,000

※前期末の総資産は1,700,000

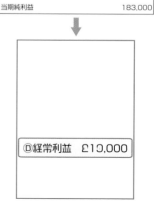

Ⓑ経常利益　219,000

　もっとも，ROA計算式の分子の利益に，上記の経常利益以外にも，営業利益や当期純利益が用いられることもあるので，ROAを分析する際には分子の利益にとりわけ注意が必要です。なお，ROAは，総資産（資産合計）が総資本（負債・純資産合計）と常に一致することから，総資本経常利益率ともいわれています。

2　自己資本利益率

　次は，収益性指標としての自己資本利益率（Return on Equity：ROE）について見てみましょう。ここでも同様に，ケース⑮の財務諸表を単純化したボックス図を用いて分析を行うことにします。

● 図表2　自己資本と当期純利益

　Ⓐ純資産
　（自己資本）
　1,240,000

　Ⓑ当期純利益 183,000

※前期末の純資産＝1,160,000

　ROEは，自己資本（≒純資産）に占める当期純利益の割合，すなわち，自己資本を使って当期純利益をどれだけ稼いだかを示す指標であり，下記の式によって求めることができます。分析の際には，純資産を自己資本とみなします。ここで一つ注意すべき点は，分子の当期純利益が年間を通じた期間累計額なので，それに対応する分母の自己資本も期中平均値を用いる必要があることです。そこで，当期の期首金額（すなわち，前期末の金額）と当期の期末金額を合計して2で割り期中平均を出しましょう。ただし，前期末の純資産額が入手できない場合は，期中平均の代わりに，簡便法として，単に

当期末の純資産額を分母に用いることもできます。

$$\text{ROE}=\frac{\text{図表2の⑧}}{\text{図表2の④}}\times100=\frac{\text{当期純利益}}{\text{自己資本（期中平均）}}\times100=\frac{183,000}{1,200,000}\times100=15.25\%$$

期中平均＝（1,160,000＋1,240,000）÷2

　ケース⑮の例では，ROEが15.25%であることが分かります。すなわち，自己資本（期中平均）1,200,000（千円）を使ってそれの15.25%に当たる183,000（千円）の当期純利益を得たのです。ROEについては，10%を超えることが一つの目安となっているので，上記の15.25%のROEはかなり高いレベルであるといえます。分子の当期純利益は株主にとって重要性の高い利益であるため，それを自己資本で割って算出されるROEは株主にとって重要な収益性指標といえるでしょう。

3　安全性の評価

　財務情報分析においては，収益性以外に安全性を評価する必要があります。利益を稼ぎ出す力はあるけど，財務構造が不安定という事例も多々見受けられるからである。代表的な安全性指標としては流動比率，当座比率，自己資本比率，固定比率，固定長期適合率などが挙げられますが，本章では，このうち流動比率と自己資本比率を取り上げることにしましょう。マネジメントの成果が問われる経営管理者には，収益性とともに安全性の指標も看過できないものとなっています。

1　流動比率

　資産および負債は2つの基準，すなわち「正常営業循環基準」と「一年基準」によって「流動」と「固定」に分類されます。正常営業循環基準とは，

「仕入→製造→販売」に至る営業の循環を1つのサイクルと考え，このサイクルの過程にある資産または負債はすべて流動資産または流動負債とする基準です。一方，この営業サイクルの中に入らない項目については一年基準を適用することになります。一年基準とは，決算日の翌日から起算して1年以内に現金化（または費用化）される資産を流動資産，1年以内に決済期限が到来する負債を流動負債とし，1年を超えて現金化（または費用化）される資産や決済期限が到来する負債をそれぞれ固定資産と固定負債に分類する基準です。

　流動比率は，流動負債を決済するのに十分な流動資産があるかどうかを判定する指標となっています。この比率は，流動資産を流動負債で割って，短期の支払い手段としての流動資産が短期の決済を要する流動負債の何倍にあたるかを求めるので，短期的な支払い能力を見る指標といえます。貸借対照表を単純化したボックス図を用いて流動比率を求めてみましょう。

● 図表3　流動負債と流動資産

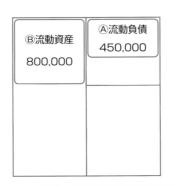

$$流動比率 = \frac{図表3の⑧}{図表3の④} \times 100 = \frac{流動資産}{流動負債} \times 100 = \frac{800,000}{450,000} \times 100 ≒ 177.78\%$$

　ケース⑮の例では，流動比率が177％を上回っています。これは，返済に回せられる流動資産が返済すべき流動負債の1.7倍以上存在することを意味しており，安全性は非常に高いといえます。流動比率の目安としては，2対1（200％）が原則とされてきたものの，150％を超えていればよいともいわ

れているので，上記の177.78％は高い水準であることが分かります。

2　自己資本比率

　もう一つの安全性指標として自己資本比率があります。企業が調達した資金は，株主からの出資とその後の留保利益からなる自己資本（純資産）と，金融機関や債権者から調達した他人資本（負債）の2つに大きく分かれます。自己資本比率は，自己資本と他人資本を合計した総資本のうち，自己資本がどの程度の割合を占めるかを見る指標となっています。自己資本比率が高いほど他人資本に依存する度合いが低いことになるので，安全性は高いといえるでしょう。それでは，貸借対照表を単純化したボックス図を用いて自己資本比率を求めてみましょう。比率の計算においては，純資産を自己資本とみなします。

● 図表4　自己資本と総資本

$$\text{自己資本比率}=\frac{\text{図表4の}⑧}{\text{図表4の}④}\times100=\frac{\text{自己資本}}{\text{自己資本}+\text{他人資本}}\times100=\frac{1{,}240{,}000}{1{,}240{,}000+560{,}000}\times100≒68.89\%$$

　ケース⑮の例では，自己資本比率が68％を上回っています。総資本（自己資本＋他人資本）に占める自己資本の割合は業種にもよりますが，50％が一つの目安といわれているので，自己資本比率68％超というのは，財務的な安全性が非常に高い状態といえます。

4　財務情報分析のまとめ

　財務情報分析は企業の健康診断ともいえます。会計期間中の経営成績と財政状態を表す損益計算書と貸借対照表を用いることで，企業の収益性と安全性の程度を評価することができるからです。ケース⑮のユタカ㈱の場合，収益性指標としての ROA と ROE，安全性指標としての流動比率と自己資本比率がすべて目安となる基準を上回っており，収益性と安全性がともに高いことが分かりました。すなわち，ユタカ㈱は，健康診断の結果，収益性と安全性がともに良好と出たので，次年度もこれまでとおりの経営活動を続けていけばよいといえるでしょう。

　ただ，現状維持が必ずしもベストとはいえず，場合によっては，戦略的な見地から収益性をやや犠牲にしてでも将来性を見越した大胆な事業展開や市場開拓が必要となってくるかもしれません。またそれに合わせて，安全性を低下させかねない果敢な資金調達や投資が必要となってくることもあるでしょう。このような意思決定は最終的には経営者の判断に委ねられますが，その際にも会計の数値は経営者の意思決定に大きな影響を与えるものであることに違いはありません。そのため，本章で取り上げた収益性と安全性の分析に加え，生産性や成長性の分析をも包括したより総合的な財務情報分析が必要といえるでしょう。

事例 A　シャープ

　シャープは過去の液晶パネルへの大規模投資が裏目に出て，2010年以降，数千億円単位の赤字を連発。2016年3月期には債務超過に陥り，信賞必罰の実力主義にもとづく給与や割高だった資材の調達先変更など，鴻海流リストラで経営再建を進めてきた。鴻海が送り込んだシャープの戴正呉会長兼社長が行った徹底的なコスト削

271

減の結果，2018年3月期決算以降は黒字が定着。新型コロナのような経済ショックが起きても，過去のように簡単に大きな赤字を出さない体質に改善した。

　しかし，新規事業として掲げる高精細な8K関連事業やAI（人工知能）とIoT（モノのインターネット）を組み合わせた「AIoTプラットフォーム」事業は，理念先行型で柱の事業となるような大規模な収益化はまだできていない。「ビジョンは壮大だが，具体的にどのようなビジネスモデルを構築してマネタイズできるのか，まだみえてこない」との声が社内から漏れ聞こえる。そんな中で利益を安定的にあげていくためには，コスト削減を中心に進めるしかないのが実態だ。聖域なきリストラは，技術のシャープの本丸である研究開発費にも及んでいる。

　鴻海傘下になって以降（2017年3月期～2020年3月期）の4年間の研究開発費は，毎年1,000億～1,100億円で推移している。これは鴻海傘下入りする前の2015年3月期の1,410億円，2016年3月期の1,301億円よりも少ない。新たな成長柱を築くうえで必要なのは，研究開発の原資となるキャッシュや強固な財務基盤だが，それも厳しさを増している。財務の健全性を示す自己資本比率は2019年12月末で16.3％にとどまる。債務超過に陥った2016年3月期（マイナス2.7％）から改善しているものの，同じ電機大手パナソニックの29.5％と比べても見劣りがする（2019年12月末）。

　一方，ソニーの自己資本比率は18.7％（2019年12月末）とシャープに近い。ただし，それはソニーが銀行や保険などの金融事業を手がけており，金融事業特有の預金や保険契約が負債勘定に計上されており，自己資本比率をその分だけ押し下げるためだ。シャープのキャッシュフローの動きをみると，設備投資による支出や経営危機時に発行した優先株の取得・消却による支出が営業活動から得たキャッシュを上回り続けている。そのため，シャープの2019年12月末の現預金は2,159億円と，2017年末の3,976億円，2018年末の2,957億円から年々減少している。一方，2019年12月末の1年以内に返済予定の借入金は2,370億円ある。

　シャープ広報は「資金繰りは適切に行っている」としている。確かに，企業の短期的な支払い能力を示す流動比率（流動資産／流動負債）は，2019年12月末時点で125％と，安全性の目安である100％を超えている。また，取引銀行2行と2019年8月に新たなコミットメントライン契約を締結しており，当面の資金繰りは問題ないだろう。しかし，現状の財務状況でこれ以上の成長投資や研究開発費を捻出するのは容易ではない。そこで，成長資金捻出のためにシャープが目下検討しているのが，主力の液晶事業の分社化だ。事業ごとに外部から資金調達できる体制をつくることや分社化した事業を上場させることによる資金捻出の狙いもあり，2018年10月に東

芝から買収したパソコン子会社のダイナブックの上場も検討されている。

　新型コロナウイルスによって，市場は企業の財務状態や資金繰りに警戒感を募らせている。そのような環境下，成長投資に必要な資金を確保し，持ち前の開発力を生かした完全復活を果たせるか。シャープは新たな試練を迎えている。（劉　彦甫）

*出所：東洋経済 ONLINE「シャープ，「鴻海流再建」にただよい始めた暗雲　乏しい研究資金，4年経っても育たぬ成長事業」（2020/05/15）より一部転載

事例 B　三菱電機ほか

　日本企業の収益力が欧米企業に迫っている。どれだけ効率的に利益を稼いだかを示す自己資本利益率（ROE）は2017年度に10.1％まで上昇する見通しだ。データを遡れる1982年度以降で10％を超えるのは初めて。海外市場を開拓する一方で事業の選択と集中を進め，純利益が過去最高を更新する。世界の主要企業が目安とする2桁の ROE を維持するには一段と効率的な資金の使い方が求められる。

　日本経済新聞が東京証券取引所第1部の上場企業（金融などを除く）を集計した。ROE は株主の持ち分である自己資本に対する純利益の比率を示し株式の投資家が重視する。自己資本に対する利回りに近い概念で一般に ROE が高いほど効率的に利益を稼いでいる。利益を増やすか自己資本を減らせば ROE は高まる。米国の主要企業は約14％，欧州は約10％だ。

　17年度の上場企業の純利益は前期比27％増の35兆円と過去最高を更新する見込みで，ROE は1.4ポイント上昇する。三菱電機は携帯電話など不振事業から撤退する一方，工場の自動化機器など競争力の高い製品をアジアを中心に伸ばしている。ROE は12％程度になる見通しだ。半導体の需要が好調で製造装置の東京エレクトロンは ROE が3割近くになりそうだ。主に国内で稼ぐ企業も好調だ。明治ホールディングスは高単価のチョコレートやヨーグルトの販売を伸ばし ROE は14％程度になりそうだ。

　日本の経営者は ROE に対する意識が希薄だった。金融機関などとの株式の持ち合いに守られ株主の目をそれほど意識せずに済んできたためだ。変革を促したのは海外の投資家だ。日本株の3割を保有するまで存在感を高め，企業に ROE の向上を求めるようになった。生命保険協会の調査では企業の半数が ROE の目標を公表

している。

　ただ，高い ROE の維持は簡単ではない。上場企業は利益の半分を株主に還元しているが，自己資本は増え続けている。総資産に占める自己資本の比率は80年代前半は20％強だったが，現在は40％に増加した。欧米の企業と比べ10ポイントほど高い。

　企業の借り入れ余力はかつてないほど高くなった。借金を上手に活用して設備投資や M&A（合併・買収）など攻めの経営を進めなければ，ROE は頭打ちになりかねない。東海東京調査センターの平川昇二氏は「成長投資に使い切れなかった資金は株主に還元しないと ROE は低下していく」と指摘している。

＊出所：日本経済新聞（2018年3月14日，朝刊1面）

■確認テスト

① 企業の経営活動の状況を会計数値によって表現した財務諸表としては，貸借対照表，（　　　　　　　　　　），キャッシュフロー計算書の3つがもっとも代表的である。

② 売上高から「売上原価」と「販売費・一般管理費」を差し引いて求めた利益を（　　　　　　　　　）という。

③ 総資本は，自己資本と他人資本からなる。自己資本は（　　　　　　）とも呼ばれ，他人資本は負債とも呼ばれる。

④ 自己資本利益率は，英語では（　　　　）といい，（　　　　　　　）を自己資本で割った比率である。

⑤ 流動比率は，企業の短期的な支払い能力を見る指標で，（　　　　　　）を流動負債で割って求められる。

■Exercises

次のソニックス㈱の貸借対照表と損益計算書をもとに，下記の問いに答えなさい。

貸借対照表
（令和X3年3月31日現在）

（単位：千円）

科目	金額	科目	金額
（資産の部）		（負債の部）	
流動資産	250,000	流動負債	200,000
現金及び預金	90,000	買掛金	80,000
売掛金	80,000	短期借入金	100,000
有価証券	16,000	未払費用	20,000
商品及び製品	30,000	固定負債	150,000
前払費用	6,000	社債	70,000
短期貸付金	20,000	長期借入金	80,000
その他	8,000	負債合計	350,000
固定資産	350,000	（純資産の部）	
有形固定資産	230,000	株主資本	245,000
建物	122,000	資本金	80,000
車両運搬具	8,000	資本剰余金	55,000
土地	100,000	資本準備金	55,000
無形固定資産	50,000	利益剰余金	130,000
借地権	8,000	利益準備金	20,000
ソフトウェア	42,000	その他利益剰余金	110,000
投資その他の資産	70,000	自己株式	△20,000
投資有価証券	50,000	評価・換算差額等	5,000
関係会社株式	20,000	純資産合計	250,000
資産合計	600,000	負債・純資産合計	600,000

※前期末の総資産は 620,000

損益計算書
（令和X2年4月1日からX3年3月31日まで）

（単位：千円）

科目		金額
売上高		520,000
売上原価		200,000
売上総利益		320,000
販売費及び一般管理費		230,000
営業利益		90,000
営業外収益		8,000
受取利息	4,000	
受取配当金	3,000	
その他	1,000	
営業外費用		14,000
支払利息	12,000	
その他	2,000	
経常利益		84,000
特別利益		2,000
特別損失		6,000
税引前当期純利益		80,000
法人税，住民税及び事業税		25,500
法人税等調整額		△500
当期純利益		55,000

※前期末の純資産は 230,000

❶ 同社の流動比率と自己資本比率を求めなさい（％）。

❷ 同社の ROE（自己資本利益率）と ROA（総資産経常利益率）を求めなさい（％）。ただし，自己資本と総資産は期中平均値を用いること。

❸ 上記で求めた4つの指標をもとに，同社の収益性と安全性を評価しなさい。

❹ 【事例A：シャープ】をもとに，パナソニック，ソニー，シャープの自己資本比率を比較し，相対的な観点から，シャープの安全性（財務の健全性）を評価しなさい。

❺ 【事例B：三菱電機ほか】にもとづいて，三菱電機，東京エレクトロン，明治ホールディングスの ROE を欧米の主要企業の ROE と比較するとどんなことがいえますか。

275

【ケース⑮】の答え

（1）流動比率：177.78％，自己資本比率：68.89％

（2）ROE：15.25％，ROA：12.51％

（3）収益性と安全性がともに高い。

終　章

エピローグ

○学習ポイント○

❶ コストマネジメントの将来を展望します。

❷ コストマネジメントの今後の課題について考えます。

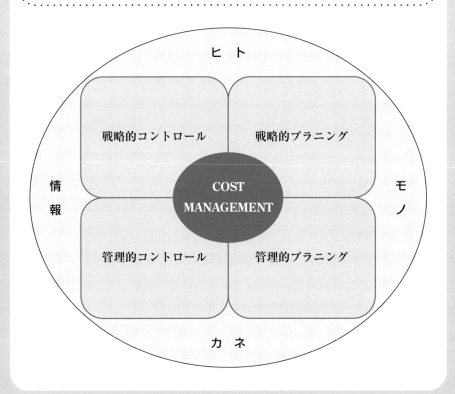

1　コストマネジメントを理解するためのフレームワーク

　コストマネジメントは従来，主として組織内部の管理問題に焦点を置いていました。そのため，いかに組織内部の効率を高め，無駄を排除していけるかが最大のテーマになっていたのです。典型的には予算管理や標準原価管理などがこれに該当します。予算管理においては，予算目標の設定を通じて，組織内部の効率を高めようとしていますし，標準原価計算による原価管理においても，同様に，標準の設定により無駄を排除し，効率を向上させようとしているのです。

　しかしながら，1980年代半ば頃からこうしたコストマネジメントの流れに変化が見られるようになりました。その背景としては，企業間の競争激化と市場ニーズの多様化をはじめとしたさまざまな要因が考えられます。すなわち，これまでのように組織内部の管理問題にのみ力を入れていては，ライバル企業との競争にも敗れかねず，市場からも背を向けられてしまうことに気づき始めたのです。もはや企業経営者は，企業という組織の内部から目を転じて組織の外を凝視する必要性に直面するようになりました。ライバル企業との競争に対しては有効な戦略策定が求められ，市場ニーズに対しては顧客満足（CS）の確保が至上課題になってきました。間違った戦略の下で，いくら組織内部の効率だけを高めても，競争には勝てるはずがありません。同様に，顧客満足に結びつかない組織内部の効率化は何の意味もないのです。

　本書では，企業間競争や戦略，顧客満足といった組織外部的な側面を包括する概念として，「戦略性」という言葉を用いています。そして，企業間の競争を意識したり，企業の戦略と何らかの形で関わったり，あるいは顧客満足を意識したようなコストマネジメントをとりわけ「戦略的コストマネジメント」と呼んでいます。戦略的コストマネジメントをこのように定義すると，コストマネジメントの発展については，従来の「管理的コストマネジメン

ト」から「戦略的コストマネジメント」へと重点がシフトしてきていること
が分かります。

　コストマネジメントを理解するためのもう一つの軸であるプラニング志向
とコントロール志向については，本来，計画とコントロールは切り離せない
はど密接な関係にあるため，どこまでが計画で，どこからがコントロールか
という議論自体が無意味といえるでしょう。実際，計画があるからコントロ
ールができるのであって，計画がなければ何を基準にコントロールすべきか
が分からなくなります。そういった意味では，計画もコントロールも同等の
重要性を有しています。

　もっとも，計画とコントロールは，「戦略的コストマネジメント」および
「管理的コストマネジメント」とそれぞれ密接な関係にあります。既述した
ように，従来のコストマネジメントはどちらかというと組織内部の効率を追
求する「管理的コストマネジメント」の傾向が強かったのです。それに，組
織内部の無駄を省き，効率を高めようとすることで，どうしても計画よりは
コントロールに力を入れてきたこともまた事実です。一方，「戦略的コスト
マネジメント」の台頭によって，視点が組織外部に移ってくると，たとえば，
原価企画やバランス・スコアカードに代表されるように，市場ニーズや経営
戦略をまず前提とし，それらを達成するための企業活動が行われるようにな
ります。そこでは，市場ニーズを満たすために何をすべきかや，経営戦略を
達成するためにどうすべきかといった問題意識が先行し，自ずと計画に焦点
が置かれます。コントロールも確かに大事ではありますが，まずは正しい計
画があってはじめてコントロールが意味を持つからです。

2　コストマネジメントの展望

　これまでの検討を踏まえると，コストマネジメントがいかなる発展を遂げ

ているのかが見えてきます。そして，今後の展開についてもある程度まで予測がつきます。コストマネジメントは従来の「管理的コントロール志向」から「戦略的プラニング志向」へと確実に重点がシフトしてきています。この流れは，本書のフレームワークを使うと，**図表1**に見るような太い矢印によって表すことができるでしょう。

　もっとも，21世紀のコストマネジメントは，とりわけ2つの要因によってさらに大きく影響されそうです。一つは「グローバリゼーション」で，いま一つは「情報技術（IT）」です。グローバリゼーションの進展は着実に進んでいます。ソニーやパナソニックはもはや日本の企業ではなくなってきています。同様に，エリクソンやP&Gももはや欧米の企業に留まっていません。グローバリゼーションの大波は国境を越え，地球市場を作り出しています。企業はいやでもグローバル競争に巻き込まれてしまう時代なのです。このよ

● 図表1　コストマネジメントの重点シフト

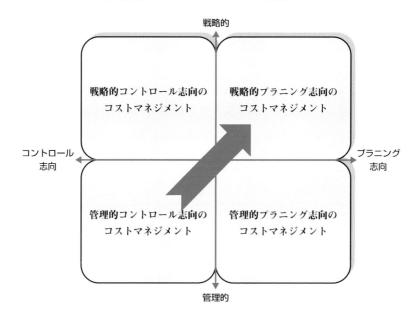

うな時代において，コストマネジメントはどうあるべきでしょうか。グローバルに事業展開しているリーディング・カンパニーによって実践されているグローバル・ソーシングによるコスト削減の事例などは，これについて若干のヒントを与えてくれます。

　さらに，近年のITの進展ぶりには目を見張るものがあります。ITの進展によって従来は想像もつかなかったようなことが可能になってきています。瞬時に世界中の隅々まで本社トップの指示が出せるようになったかと思うと，逆に世界中の子会社からリアルタイムで情報を集められるようになってきています。ITは明らかに時間的，空間的距離を限りなくゼロに近づけているのです。たとえば，本書で取り上げられたサプライチェーン・マネジメントは，企業に大幅なコスト削減の機会を提供していますが，ITのサポートなくしてサプライチェーン・マネジメントが機能するはずはありません。さらに，ITの急速な進化に伴ってDX（Digital Transformation）という概念も新たに登場してきました。DXとは「デジタルによる変革」を意味しますが，ITの進化により企業においてビジネスモデルや組織の変革が起こる可能性が非常に高まったといえます。デジタルによる変革の過程では，AIやビッグデータ，IoT（モノのインターネット），メタバースなどの積極的な活用が想定されているだけに，これらによってコストマネジメントにも少なからぬ変革がもたらされることでしょう。

　さて，「グローバリゼーション」と「IT」。この2つは，今後コストマネジメントの実務や研究においてどれほどのインパクトを与えるのでしょうか。これについて現段階で明確な答えを出すことは難しいといえます。ただ，これらによってコストマネジメントの領域においてパラダイム・シフトが起こる可能性は十分にありえます。その意味では，グローバリゼーションとITが持つ潜在的可能性をどのようにコストマネジメントの領域に取り込めるかが，コストマネジメント研究における今後の大きな課題の一つといえるでしょう。

コストマネジメントの展望

281

参考文献

伊丹敬之・青木康晴（2016）『現場が動き出す会計——人はなぜ測定されると行動を変えるのか』日本経済新聞出版社。

伊藤嘉博（1999）『品質コストマネジメント——品質管理と原価管理の融合』中央経済社。

伊藤嘉博・清水孝・長谷川惠一（2001）『バランスト・スコアカード——理論と導入』ダイヤモンド社。

SCM 研究会編（1998）『サプライチェーン・マネジメントがわかる本』日本能率協会マネジメントセンター。

岡野憲治（2003）『ライフサイクル・コスティング——その特質と展開』同文舘出版。

岡本清・廣本敏郎・尾畑裕・挽文子（2008）『管理会計〔第2版〕』中央経済社。

加護野忠男・吉村典久編（2021）『1からの経営学〔第3版〕』碩学舎。

加登豊（1990）「原価企画と管理会計：松下電工㈱A工場の取り組み」『国民経済雑誌』第162巻第2号，pp.15-35.

加登豊（1993）『原価企画——戦略的コストマネジメント』日本経済新聞社。

加登豊（1999）『管理会計入門』日本経済新聞社。

加登豊編（2008）『インサイト管理会計』中央経済社。

加登豊・梶原武久（2017）『管理会計入門〔第2版〕』日本経済新聞出版社。

加登豊・李建（2011）『ケースブック コストマネジメント〔第2版〕』新世社。

國部克彦・伊坪徳宏・水口剛（2012）『環境経営・会計〔第2版〕』有斐閣。

國部克彦・中嶌道靖（2018）『マテリアルフローコスト会計の理論と実践』

同文舘出版。

小林啓孝・伊藤嘉博・清水孝・長谷川惠一（2017）『スタンダード管理会計〔第2版〕』東洋経済新報社。

櫻井通晴（1997）『管理会計』同文舘出版。

櫻井通晴（2019）『管理会計〔第7版〕』同文舘出版。

櫻井通晴・伊藤和憲編（2017）『ケース管理会計』中央経済社。

妹尾剛好（2020）「標準原価管理：花王の事例から考える」『企業会計』第72巻第12号，pp. 18-24.

Bhimani, A., Horngren, C.T., Datar, S.M., and Rajan, M.V.（2019）*Management & Cost Accounting*, 7th ed., Pearson.

森田松太郎（2009）『ビジネス・ゼミナール経営分析入門〔第4版〕』日本経済新聞出版社。

溝口一雄編（1987）『管理会計の基礎』中央経済社。

吉川武男・ジョン イネス・フォークナー ミッチェル（1994）『リストラ／リエンジニアリングのための ABC マネジメント』中央経済社。

吉田栄介・花王株式会社会計財務部門編（2020）『花王の経理パーソンになる』中央経済社。

索 引

索　引

286

索　引

索　引

著者紹介

加登　豊（かと　ゆたか）

1953年	兵庫県に生まれる
1976年	神戸大学経営学部卒業
1978年	神戸大学大学院経営学研究科博士前期課程修了（経営学修士）
同　年	大阪府立大学経済学部助手。講師，助教授を経て
1988年	神戸大学経営学部助教授
1992年	博士（経営学）　神戸大学
1994年	神戸大学経営学部教授
現　在	同志社大学大学院ビジネス研究科（同志社ビジネススクール）教授（専攻 管理会計，コストマネジメント，管理システム，起業マネジメント）

この間，ノースカロライナ大学，サンディエゴ州立大学，コロラド大学ボールダー校，ゲント大学，マンチェスター大学，オックスフォード大学，シェフィールド大学等の客員研究員，客員教授を歴任

主要編著書・論文

『管理会計研究の系譜』（税務経理協会，1989年）『原価企画：戦略的コストマネジメント』（日本経済新聞社，1993年）『管理会計入門』（日本経済新聞社，1999年）『管理会計研究のフロンティア』（共編著，中央経済社，2010年）他，著書・論文多数

李　　建（りー　けん）

1962年	韓国大邱市に生まれる
1985年	（韓国）中央大学経営学部卒業
1990年	ソウル大学大学院経営学研究科修士課程修了（経営学修士）
1993年	神戸大学大学院経営学研究科博士前期課程修了（経営学修士）
1996年	神戸大学大学院経営学研究科博士後期課程修了（博士（経営学））
同　年	京都学園大学経営学部専任講師
1999年	京都学園大学経営学部准教授
2009年	京都学園大学経営学部教授
現　在	追手門学院大学経営学部教授

主要著書・論文

『産官学協同の比較研究：日本・中国・韓国の実態を探る』（共著，晃洋書房，2003年）『国際会計論〔改訂版〕』（共著，創成社，2004年）『インサイト管理会計』（共著，中央経済社，2008年）Global Management Control: Knowledge Flows and Decentralization, in *Value-Based Management of the Rising Sun*（edited by Y. Monden, K. Miyamoto, K. Hamada, G. Y. Lee, and T. Asada, World Scientific Publishing, 2006）「予算管理研究の回顧と展望」（共著，『国民経済雑誌』第198巻第1号，2008年）他，著書・論文多数

ライブラリ ケースブック会計学＝5
ケースブック コストマネジメント 第3版

2001 年 9 月 25 日ⓒ	初 版 発 行
2011 年 8 月 10 日ⓒ	第 2 版 発 行
2022 年 2 月 10 日ⓒ	第 3 版 発 行

| 著者 | 加登　豊 | 発行者 | 森平敏孝 |
| | 李　　建 | 印刷者 | 加藤文男 |

【発行】　　　　　　　株式会社　新世社
〒151-0051　東京都渋谷区千駄ヶ谷 1 丁目 3 番 25 号
編集☎(03)5474-8818(代)　　　サイエンスビル

【発売】　　　　　　　株式会社　サイエンス社
〒151-0051　東京都渋谷区千駄ヶ谷 1 丁目 3 番 25 号
営業☎(03)5474-8500(代)　　　振替 00170-7-2387
FAX☎(03)5474-8900

印刷・製本　加藤文明社
《検印省略》

ISBN 978-4-88384-340-4
PRINTED IN JAPAN

サイエンス社・新世社のホームページのご案内
https://www.saiensu.co.jp
ご意見・ご要望は
shin@saiensu.co.jp まで.